そういえば、
最近〝あのヒト〟
見てないなぁ

僕、ブラックリスト荒らしのコイケ

僕、コイケヒロシ。

借金2000万円を抱えて鼻水号泣七転八倒していた15年前のある日、シャワーヘッドから突然現れた「トサカ頭でぷかぷか浮いている変な物体」こと、「ドSの宇宙さん」に出会い、超絶ドSな口ぐせ矯正によって、ありえない奇跡を次々に起こし、借金を9年で完済。

その間、美しい妻と、かわいらしい子どもたちにも恵まれ、今、50代にして人生の青春まっただなか。

こぢんまりしているけれど快適な事務所では、素敵なスタッフに囲まれ、日本じゅうを飛び回りながら、奇跡を味わってもらうための方法を、全身全霊をかけてお伝えしています。

最近は、あまりにも盛り上がって、「すみません、コイケ、話し足りないんで、講

演延長します」とお客様にお願いしたりなんかして。

僕自身に起こった人生大逆転劇。それを人は奇跡と言うけれど、奇跡って、どうやらいまだに、宇宙には「在庫過多」らしい。

みんな、やりたいことやかなえたい夢や希望があるのに、それを正しいやり方で「オーダー」していないから。

そもそも宇宙とは、その人が発するエネルギーの増幅装置。

心からの真のオーダーならば、宇宙が正しくそれを現実にするのに、正しい「オーダー」が来ないから、実現してあげようにもできない、という状況らしい。

たしかに、ドSの宇宙さんに正しい宇宙への願望オーダーの仕方を教えてもらい、口ぐせを変えたことで正しいオーダーができるようになってからというもの、僕の生活はもはや奇跡だらけ。

僕の前作の本（『マンガでわかる！　借金2000万円を抱えた僕にドSの宇宙さんが教えてくれた超うまくいく口ぐせ』）でご紹介した「ヒロミちゃん」も、このオーダー法を実践して奇跡の連続だし、僕の講座にいらした方は、売り上げが急拡大した方も複数。オーダーの翌日に出会った人と半年後に結婚が決まった、なんて方もいましたっけ。

読者の方から届くお便りには、大きなものから小さなものまで、僕も驚くような「奇跡」がたくさん起きています。

僕、2018年に入って早々から、あちこちのセミナー会場で言っていたんです。

「コイケ、家を買います！　2020年までに！」

と。家族が憧れた庭つき一軒家。そのガレージには、（先に手に入れた）憧れの外国車が停まっている。僕がオーダーしたのは、そのハッキリした光景でした。

なぜ2020年かというと、ほら、僕、クレジットカードがつくれないのです。

借金を完済したのが2014年。7年くらいはその「履歴」が消えないってよく

聞くから、7年後は21年。目標とするならその前年の2020年かな、と。
クレジットカードがつくれない僕は当然、住宅ローンもむずかしい。僕はキャッシュで買う前提で、「コイケ、2020年に、家をキャッシュで買いました！」とオーダーしていたのでした。

オーダー後、どんな家に住みたいかをイメージしながら過ごしていると、そのうちに、とっても気に入った家が見つかりました。でも、予算的にむずかしそう。
なんせ、コイケはブラックリストに載っていますから、キャッシュでないと買えないわけです。この金額ではキャッシュが足りない。とっても素敵だけど、この家にはご縁がないのかな、とあきらめかけていました。

そんなある日、毎月の振り込みをしに、いつもお世話になっている近所の某金融機関に足を運んだときのことです。支店長さんが
「コイケさん、何かご相談があればいつでもぜひ」
と言うのです。

「ご相談……実は、あるっていえばあるんですがねー」

そう伝えた途端、応接室に通されるではありませんか。

「いや、急にこんな相談していいのかわかりませんけど、僕、まさか住宅ローンなんて、組めないですよねえ？」

と及び腰の僕に、なぜか、

「審査、通してみましょうか」

とグイグイくる支店長さん。

数日後、電話が鳴り、

「通りました〜！」

と言うではありませんか。

まさか、住宅ローンを組めるとは。世の中わからないものです。あれよあれよというまに、僕はオーダーより2年も早く、奇跡のマイホームを手に入れることになったのでした。


「死ぬ前に一度は」と憧れた外国車を、コイケが衝動買いできちゃうなんて、いったい誰が想像したでしょう?

いまだにクレジットカードの審査に落ちるコイケが、マイホームを手にするなんて、誰よりコイケが一番想像できなかったわけです。

でも、それはかなっている。奇跡が毎日起きている。

毎日起きるなら、それってもう、日常ですよね。

宇宙にオーダーして、行動して、かなえる。そんな「奇跡」は、もう、日常になっているのかもしれない。奇跡、ではなく、日常に。

引越しは新しい人生のはじまり

まさかの展開からの、マイホーム購入。それから数か月後、コイケ家は、一家総出で引っ越し準備をはじめました。夢の引っ越しです。

妻も娘も荷造りにてんやわんやです。新生活に想《おも》いを馳《は》せ、あれをしたいこれをしようとはしゃぐ姿を見て、心の底から湧いてくる幸せを噛《か》み締めます。

そして深夜。僕は書斎でひとり、毎月1日に通っていた氏神様である中田神社の恩恵をたくさん受けたこのマンションに、「ありがとう」「愛してます」と、これまでの感謝を伝えながら、荷造りに励んでいたのですが……。

《あれ？　そういえば、アノヒト、最近来ないなあ》

……ふと、思い出したのです。

最近、宇宙さんの声を聞いていないことを。

僕自身の中には「ひらめき」や「直感」としての僕の声は、今や当たり前のように聞こえてくるのですが、宇宙さんからのドS節は最近聞こえてきていない。

何か月だろう、半年？　いや、1年くらい？　あれ？　それすらよくわかりません。

あれほど恩着せがましい宇宙さんが、家まで買うことになった僕の元に「それはどう考えてもオレのおかげだよな」と言いながら登場しないなんて……僕は不思議に思いました。

《まさか、もう消えちゃった？》
《もはや教えることがないくらい、人生上がり？》
《いやいや、でも、「ドS本」シリーズに、このまま宇宙さんが出てこないなんてあるはずが……》
《え、でも出てこなかったら？》
《う……担当編集さんに、「さっさと、宇宙出しやがれ」って、脅される？》
《いや、読者さんに「宇宙さん出てこないなら」って本閉じられる？》
《あああ、どれにしたって、まずいよな～》

そのときです。

棚の上から

ゴン！　ドサドサドサ!!

「い、いてててて――！」

「あれ？　なんだっけ、これ？」

雪崩《なだれ》のように降ってきたものの中から
見たこともない巻物が現れました。

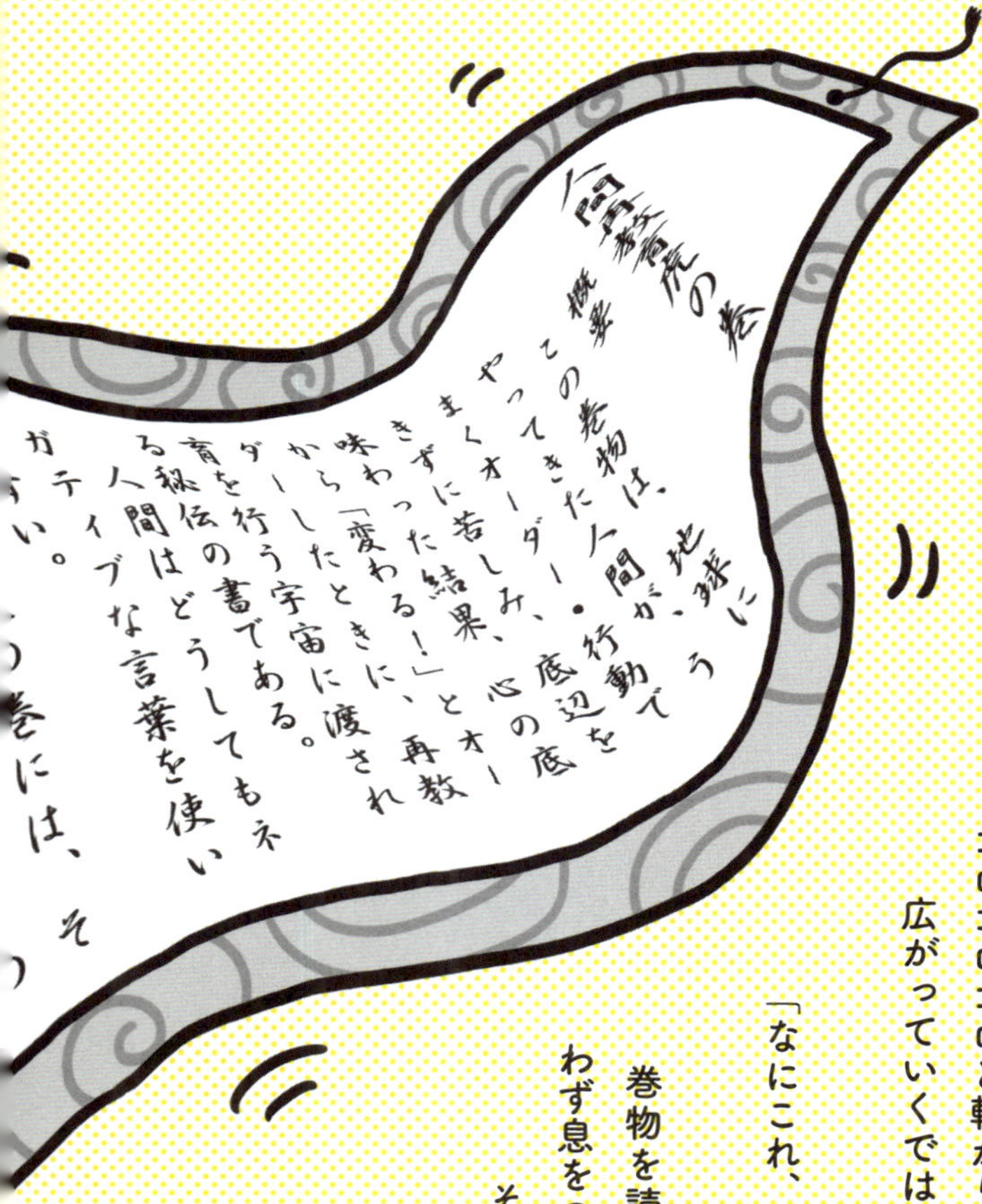

そして、次の瞬間、
手をすべらせた僕の目の前に、黒い巻物は、
ゴロゴロゴロと転がり
広がっていくではありませんか。

「なにこれ、なにこれ！」

巻物を読みはじめた僕は、思わず息をのみました。
そこには、

「人間には本来悟られてはならない」

という文字が書いてあったからです。

「オイコラ、コーイーケー!!
何、勝手にヒトの巻物、
読んでやがんだ——!!」

突然の大声に驚いて、僕は思わず、
巻物を放り投げました。
「うわぁぁぁぁぁぁ、ごめんなさい、
ごめんなさい……って、あれ?」
頭を抱え込んだ僕に、ドSの宇宙さ
んが渾身《こんしん》の力を込めてハリセンを……
打ってこない。
おそるおそる頭を上げてみると、
「いや、巻物が殴るかよ」

「ちょっと待って！　巻物が宇宙さんの声でしゃべってる!?
いやいや、いくらなんでもこれ、設定おかしいでしょ。しゃべる巻物??
ハリー・ポッターじゃないんだから！」
「はあ？　おまえ、今さら何言ってやがんだ。
1冊目の本で、シャワーヘッドからオレが出てきた時点で、
十分おかしいだろうが」
「え、それ、自分で言う？」
「大体、読んだ人間は、最初から『この本とこの著者、ちょっと頭おかしい』って
思ってたと思うぞ」
「……ちょっと、やめてくださいよ。
それはそうと、この巻物、いったい何なんですか？」
「んーんんー」
「わかりやすく口ごもらないでくださいよ！
何!?『人間再教育虎の巻』!?」
「くそ、見られたか。

これは、人間世界にあるカラクリを解き明かし、人間を教育する奥義《おうぎ》が書かれた巻物だ。

おまえにオレがいるように、それから、ヒロミにヒロミの宇宙がいたように、それぞれの人間には、〝宇宙とのパイプ役〟である〝ドSの宇宙たち〟がいることは教えたよな。

オレたちが地球に来るときに読んで頭に叩《たた》き込むのが、この『人間には本来見られてはならない、人間再教育虎の巻』だ。

人間がどんな性質を持ち、どんなことにつまずき、そのときにどんな指導をするといいかを宇宙は蓄積してきたデータをひもとき解明した。『どうしても人生を大逆転させたい！』とオーダーした者だけに発動されるのが、この巻物の〝人間再教育プログラム〟だ。

人間からすればあらゆるネガティブを、ポジティブへと変換させる〝奥の手〟といえるだろう。宇宙たちは、巻物に書かれた奥義にそって人間を育て直す。

オレの被験者はおまえってわけだ」

「ぼ、僕、実験台だったってこと!?　でもなんでそんなことを」

「そろそろ宇宙も動き出したんだよ。

1冊目の本で披露した、おまえにさんざん教えた宇宙のしくみ。人間が地球に来た理由や、行動していく意味なんてのは、本来人間は知らなくてよかったはずなんだよ。むしろ、知ってはならなかった。

なぜなら、知らないほうが面白いからだ。

映画の主人公は、それが映画だと知らずに、行動し、堪能し、エンディングを迎える。それでよかったんだ。行動することに大満足した人間たちは人生のドラマを全うして、宇宙に戻ってきていたからな。

しかしだ！　昨今の地球では、人間の危険回避能力が飛躍的に上がり、心のしくみが複雑化しすぎてしまった。ビビるヤツが増え、単純に行動を楽しむことができなくなって、バッドエンディングが増えてしまった。

宇宙に帰ってきた魂たちが、『しまった、もっと地球で行動しておくんだった』って、嘆くもんだから、さすがに宇宙も目をつぶっていられなくなったってわけだ。

宇宙は何とかしなけりゃ、と、人間世界にあるさまざまなネガティブを引き起こす〝カラクリ〟を解き明かして、人間を〝育て直す〟ための再教育プログラムをつくった。そして、宇宙と人間とのパイプ役であるドSの宇宙たちを一堂に集めて、『人間再教育天下一選手権』を開催した。オレはそれにノミネートされ、今日がその表彰式ってわけだ」

「ええ!?

表彰式!?

なんでそんな大事なものがここに?」

「オレが忘れていったからに決まってるだろうが」

「忘れてったたって。そんなの、知りませんよ。

でも、忘れてったたんなら、

読みたい、読みたい、読みたい!」

「おい、ちょ、やめろ!

コイケごときが触んじゃねえ!」

「だって忘れてってるほうが悪いでしょ!」

「勝手に開くな!　あああああ」

巻物を開こうとする僕と、閉じようとする巻物。そのせめぎ合いの末、巻物は勝手にコロコロと転がり、文字がどんどん浮き上がってくるではないですか。

地球人にはどうやら極秘とされている「しゃべる巻物」を、僕は手に取って、読みはじめました。

「……うわあ、これ、すごいや……」

借金2000万円を
抱えた僕に
ドSの宇宙さんが

あえて教えなかったトンデモナイこの世のカラクリ

15年前の宇宙にて

その頃コイケは…
えーん
えーん
人間再教育虎の巻
概要
この巻物は、地球にやってきた人間が、うまくオーダー・行動できずに苦しみ、底辺を味わった結果、心の底から「変わる！」とオーダーしたときに、再教育を行う宇宙に渡される秘伝の書である。
人間はどうしてもネガティブな言葉を使いやすい。
この虎の巻には、その人間のネガティブの種類や人間の心のしくみと、育て直し方が書かれている。宇宙は、担当する人間がどのようなネガティブさを抱えているのか、を確認しながら、再教育を行うべし。
カンニング中

借金2000万円を抱えた僕に
ドSの宇宙さんが
あえて教えなかった
トンデモナイこの世のカラクリ

目次

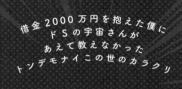

「願望実現のカラクリ」の巻

其の壱　まずは口ぐせという「行動」を教えよ

其の弐　不幸ぐせからの脱出を教えよ

「悩みのカラクリ」の巻

其の参 「心のくせ」の攻略法を教えよ

「お金のカラクリ」の巻

「人間関係のカラクリ」の巻

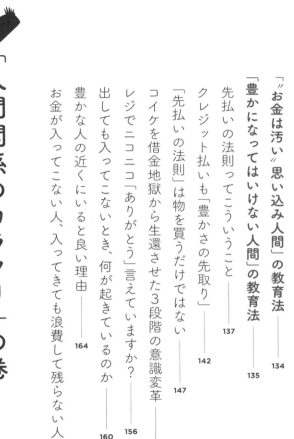

其の七 相手は決して変えられないと教えよ

「人生という時間のカラクリ」の巻

其の八　人生を徹底的に「遊び」「楽しむ」ことを教えよ

イラスト　アベナオミ
ブックデザイン　萩原弦一郎（256）
DTP　二階堂千秋（くまくま団）
構成　MARU
編集協力　乙部美帆
編集　橋口英恵（サンマーク出版）

登場人物紹介

コイケ

本名：小池浩
仙台在住。15年前に借金2000万円（うちヤミ金600万円）を抱えて七転八倒していたとき、宇宙さんに出会う。口ぐせを変え、宇宙のしくみを使って人生を劇的に好転させた。9年で借金完済、妻とふたりの娘と幸せな生活を送る。

ドSの宇宙さん

本名：おおいなるいずみ
人生崖っぷちのコイケの「助けて！」という声がけにシャワーヘッドから現れた、ドSな言葉でコイケを導く謎の浮遊物。コイケの人生大逆転劇を見事なスペクタクルに導いたことと、妙なトサカ頭で有名に。

ヒロミ

本名：小泉ヒロミ
シリーズ2作目・マンガ版『ドSの宇宙さん』の主人公。38歳独身、彼ナシ、仕事ナシ、借金アリの三重苦から人生大逆転を果たし、理想の結婚をし、フランスで幸せに暮らす。

烏天狗《からすてんぐ》

「おかげさま」のひとり。神社を拠点にして飛び回り、宇宙を信じる人間たちに、奇跡を起こして回っている。

宇宙《うー》ちゃん

本名：あまたみちる
マンガ版『ドSの宇宙さん』に登場するヒロミの宇宙さん。ヒロミが、コイケのまねをしてシャワーヘッドに祈ったら出てきた。ヒロミを導きながら、自身も妖艶な七変化を遂げ話題に。

縁《えん》ちゃん

宇宙仲人ネットワークに所属する仲人さん。「結婚」を本気でオーダーした人間のもとに現れ、縁をつなぐ。

「願望実現のカラクリ」の巻

1

其の壱　まずは口ぐせという「行動」を教えよ

「スピリチュアル大好き人間」の教育法

「願いをかなえたい！」
「幸せになりたい！」

そんな昨今の地球人たちがハマっている「スピリチュアル」や「引き寄せ」には、実は、落とし穴がたくさんある。宇宙にオーダーすれば、何もせずとも、願ったものが目の前に現れると思っている人間が増加しているため、注意が必要。

スピリチュアルは目に見えない世界。

人間の多くはスピリチュアルのことを知ったとき、何か、大きなものを得て、新しい世界が開けたと感じる。

迷ったり、悩んだりしている人間にとって、大きな支えになることも多いが、一方で、「これがすべてだ」と他の解決法を受けつけなくなったり、行動することを妨げたりする要因にもなっている。

見えない世界に寄りかかり、自ら動くことを放棄することは決して、「スピリチュアル」でも「引き寄せ」でもない。

結果を出している人間は、必ず、地に足がついている。そして、その足で行動し、何かしら発信している。

だからこそ、引き寄せているのだ。

決して「なんとかしてー」と言いながら、何の行動もせずにぼーっと待つことではない。パワースポットに出かけて「ああ、これで人生が変わった」と、なんとなくいい気分になることに、意味はない。

目に見えないものを現実的にとらえて、その力を借りることが大切だ。

空気を例にするとわかりやすい。目には見えないが、事実としてそこにある。人間の目に映るものだけが、人間を生かしているわけではない。見えないものにもリアリティはある。

だから、真にスピリチュアルを大切にしている人間こそ、実は、リアリストで、地に足がついていて、行動しまくりであることを、多くの人間が知らない。

今や、これこそが、地球を味わい尽くすのを妨げる大いなる勘違いになっている。

「ネガティブ口ぐせ人間」の教育法

人間は言葉を持っている。

お互いのコミュニケーションの手段であり、同時に自分の心を整える手段でもあるが、言葉を使うことで、人間の願望オーダーカは飛躍的に上がった。

声とは音だ。音とは振動、エネルギーそのものだ。

ミュージシャンが腹の底から出す声に感動し、その音に乗っている言葉に涙するのは、そこに、自分の心を揺るがす強いエネルギーがあるからだ。

それは、美しいエネルギーに触れる瞬間でもある。

人間の口から発せられた音、つまり声は、振動しながら空間を伝わって、相手に伝わり、もちろん宇宙にも伝わっている。

宇宙は、これらのエネルギーを受け取って増幅させることで、人間の願いをかなえている。つまり、日々発している言葉は、実はすべてがオーダーということになる。

だからこそ、普段使う言葉には注意し、よい言葉を使い、ネガティブな口ぐせをまずは、使わないようにさせなければならない。それだけでも、飛躍的に人間は変わる。

その中でも最強の言葉が「ありがとう」と「愛してる」である。だが、いくら「ありがとう」をつぶやきつづけても、それ以外で普段使っている言葉が「最悪～」「ついてない」「イヤだなあ」というようなネガティブな言葉であれば、宇宙はどちらも増幅させて結局は相殺されてしまう。

「ありがとうを言いつづけたのに何も変わらない」という人間には、言葉の矯正を徹底的に行うべし。

スピリチュアルって「リア充」のこと

宇宙さんが忘れていった巻物の中にまず書いてあったのは、スピリチュアルって、本当はリアルな日々のことで、「行動第一」だってことでした。

これは僕自身、ドSの宇宙さんに文字通り「叩き込まれ」たことでもあります。

口ぐせを変える、ということももちろん今すぐできる最初の「行動」だし、ヒントを得てできるかぎりの「行動」をすること。

そうしているうちに、次のヒントがやってきて、行動して……ということを繰り返してきました。その結果、借金を返済して、今の僕があります。

僕の本が分類されている、スピリチュアルの分野は、幸せに生きたいと願う人たちにとって、大きな力を与えてくれる本がたくさん並んでいますよね。

それでも、

「たくさん本を読んでも、どうにもこうにも現実が変わらない」

という人も多いようです。

そりゃあ、使う人間が、大いに勘違いしているからだろうが！

スピリチュアルって、目に見えないけど、ただ、想像して、願って、待ってるだけってのとは違うんだってことですよね。

そのとおり！
目に見えない存在だからといって
決して、ふわっとしたイメージとは違う。
スピリチュアルってのは、
目に見えない。でも、
確実に存在しているエネルギーだ！

せっかく目に見えないものの存在を大切に扱っているにもかかわらず、願望はかなわないとき、こんなことを確認してみてはどうでしょうか。

地に足をしっかりとつけて、今生きている現実の世界を生きているか？本物のスピリチュアリストは、究極のリアリストなんだ！

スピは〝リア充〟……。ってことですね、なんか、名言だな。

口ぐせで人生が変わる本当の理由

結局、地球においてのスピリチュアルとは、いつも必ず、エネルギーの発信……つまりオーダーと行動がセット。

「えええ、結局は自分で頑張らなきゃいけないの〜」なんて、泣くんじゃないぞ。
コイケをよ――く見てみろ。
毎日毎日嬉々《きき》として、コツコツやってやがる。
どん底のときなんて、暇すぎて1日で指折りありがとう7000回だぜ？

笑。だって「ありがとう」を言ったらかなっちゃいますし、
ヒントに従って行動したらかなっちゃうんですもん。

おまえ、ほおんと、単純でよかったな。

言葉に出すということそのものが、オーダーをかなえる行動そのもの。願いをかなえる第一歩。僕自身の経験を振り返って、改めてそう思っています。

声も音。そして波動というエネルギーそのものなのです。

そして、さまざまな音の組み合わせが人間の声や、言葉をつくっています。

そして、音の組み合わせによって、エネルギーは良くも悪くも変化します。

「ただの音なのに？」

と思いますか？

音の組み合わせによって僕たちは、お互いに自分の心の声を表に出して相手に伝え、受け取ることができています。「ありがとう」と言われればうれしいし「バカ野郎」と言われればイヤな気持ちになる。それは、言葉の意味を受け取っているのと同時に、その言葉に乗ったエネルギーの質を瞬時に受け取っているから。

だから、人は、エネルギーの発信器であり、受信器でもあると思うんです。


いい言葉を発信していい言葉を受け取り、いいエネルギーを発信して、いいエネルギーを受け取る。


その循環は、オーダーをかなえるための土台になります。

そして、宇宙がオーダーをかなえるしくみって、その人が発したオーダー……つまり、エネルギーを増幅させるだけでしたよね？

だからこそ、言葉の使い方がめちゃくちゃ大事なのです。

「紙一枚」から口ぐせをみるみる変えていく

「ありがとうって、心の中で言うだけではダメですか？」

「何回言えばよくなるのか、不安になります」

「どうやっても悪いことが浮かんでくる」

「よい口ぐせが身につかない」

「つい、ネガティブな口ぐせに戻ってしまう」

最近、読者の方からこのような質問をいただきます。

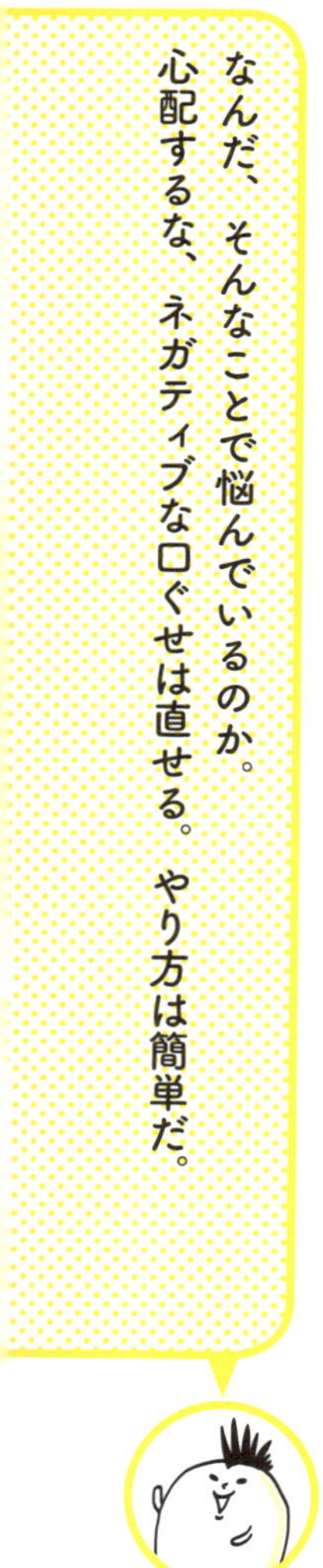

なんだ、そんなことで悩んでいるのか。
心配するな、ネガティブな口ぐせは直せる。やり方は簡単だ。

まず！　紙を1枚用意。
そして、自分がつぶやいている
「自虐口ぐせ」「夢心地口ぐせ」「懇願口ぐせ」を紙に書き出してみろ。
それから、赤いペンを持って、ひとつずつ、×で消していく。
全部消し終わったら、今まで使っていた口ぐせの代わりに、
どういう言葉を使うのかを、書き出していけ。
それは、そのまま宇宙へのオーダーになるから、しっかりやれよ！

たとえば
「お金があったらなあ」
←
「お金はある」
「私ってダメだなあ」
←
「私は大丈夫」

「できるわけがない」
←
「できるにきまってる」

「旅行に行きたいなあ」
←
「旅行に行く」
という具合ですね。

できあがったら、その紙を目につく場所に貼って、意識的に、修正した言葉のほうをつぶやく。

そして、うっかりネガティブな口ぐせをつぶやいてしまったら、その10倍、つまり10回は修正したほうの口ぐせをつぶやきます。

最初は、違和感や嫌悪感が生まれてくるかもしれません。

「そうはとても思えない」という気持ちも湧いてくるかもしれません。

その気持ち、とーってもよくわかります。

僕もドS本第1弾でお伝えしたとおり、これをとことんやってきたから。

だから、なぜか引き戻される気持ち、不安になる気持ち、なかなか変わらない現実にめげそうになる感覚はすごくよくわかるんです。

でもそれでもいいと思うんです。

とにかく、幼いころに、親や周囲の人から言ってもらえなかった力のあるポジティブな言葉を自分に何度も伝えること。

そう、自分が信じてくれるまで何度でも。

「かなった未来」はすでに宇宙に存在している

子どものころって、かなわなさそうな壮大な夢を語っても、親って喜んでくれていましたよね。

「宇宙飛行士になる!」とか、
「AKBに入る!」とか、
「億万長者になる!」とか。

なかにはそれを嬉々として言った時点で「おい、そんなに世の中甘くねえぞ」という親もいたかもしれませんが、たいていは、微笑《ほほえ》んで「おお、すごいなあ!」「なれるなれる!」なんて、言ってくれたことのほうが多いはずなんです。

たまにはいいこと言うじゃねーかコイケ。
オレは、人間たちに聞きたいね。
その壮大な夢って本当に、
かなわない夢なんですっけね~?
かなえた人はいないんでしたっけね~?
ってな。

宇宙というのは、
人間が願望を思いついた時点で、

実現するための情報を瞬時につかんでいる。
それがかなった未来も、宇宙の中には同時に存在している。
つまり、思いついた時点で、
その情報は宇宙にあんだよ！
わかってんのかコイケ！

わ、わかってます、わかってますって！
あれだけ宇宙さんにしごかれたから、もう今は身にしみてます。

世界で活躍する人たちの多くが、「幼いころから、プロになるって決めていました」
とか「絶対なれるって信じてた」って言うの、聞いたことはありませんか？
かなった人とかなわなかった人の違いがあるとしたらそれは、

自分に制限なんかせずに、
純粋にかなうって信じていたかどうか、

ということ。

そしてもうひとつ、
それに向けて行動しつづけたかどうか、
これに限るってことがわかってきたのです。

一に行動、二に行動、延々と行動

「宇宙からのヒントが、よく分からない」というのは、本当によくいただくご相談です。

答えから先に言うと、実際には、「宇宙からのヒント」は「その瞬間」にはよくわからないことがほとんどです。

後から思い返して改めて「あれはやっぱり宇宙からのヒントだったな〜！」とわかる。そう、後からわかるのです。

もちろん、奇跡が量産されていることに慣れてくると「あ、ここは動いとかなきゃ」とわかるようにもなるのですが、それがわかるようになる人はどんな人なのかというと、ズバリ！

「行動した人」です。
もっと正確に言うと
「宇宙からのヒントかどうかわからないけど、
なんかそんな気がしたから
とにかく行動に移した人」。

そう、内側から「ふと思い浮かんだこと」を「宇宙からのヒント」かどうかわからないけど、とにかく「行動」した人。

その行動に移した人にしか見えない、新しい世界、未来がある。

僕は、そう確信するようになりました。

そうすると、

「え？　じゃあ、ヒントかどうか確信がなくてもいいの？
ヒントじゃなかったらどうするの？」

と、聞かれそうですが、

**そんなの確信していなくても、いいに決まってるだろうが！
ヒントじゃなかったら、それはそれで、
ヒントじゃなかったから次っていうヒントだ！**

いや、なかなか最初はそんなの、わかりませんって。

でも、これも、僕たち人間が地球に来ている目的を考えると納得してもらえるかもしれません。ほら、僕たち人間は「行動」自体が楽しみなわけでしたよね。ヒントに沿っていても、ヒントに沿っていなくても、動くことによって、達成できるようになっているのがこの宇宙のしくみです。

ヒントを得たら、行動して、結果が出て、

またヒントを得たら、行動して、結果が出て、結果が出なくても実は「結果が出ないっていう結果」が出て、その先に、オーダーの実現があります。

2

其の弐　不幸ぐせからの脱出を教えよ

「ドMビビり人間」の教育法

物事がうまくいかず、どん底に陥った人間は、自分の人生の中に「素敵な瞬間」や「成功したできごと」があったことをすっかり忘れてしまっている。

人間が、悪いことにばかり目を向けてしまうのは、その脳の性質、心の性質に問題がある。

動物には本能、命を守るシステム、つまり「危険回避能力」があるからだ。

動物は危険に敏感だ。

それは、食われたら宇宙に強制送還されるからだ。当然だ。

だから、動物は地球に生まれた瞬間から、命を脅かす危険、つまり、ネガティブなものに対して常にアンテナを張っている。

しかし、すっかり近代化してしまった現代では、人間が長い歴史（宇宙から見れば米粒もないが）の中で培ってきた、危険回避能力は、必要なくなってきている。

この危険回避能力は、「敵や危ない場所を判断して、一目散に逃げて身を命を守る」ということだが、今や、街中でライオンを発見することはほとんどない。

一方で、人間の脳は飛躍的に進化して、危険を察知するアンテナの精度は高くなっている。したがって「本当に危険かどうか」ではなく「危険だと思ったこと」「当時は危険だったこと」をいつまでも覚えていて、無意識に避けようとしたり、逃げようとしたり、動かないでいようとしてしまう。

ある意味、近代化による宇宙もビックリの「超絶ドMビビリシステム」ができあがってしまっている。

「苦労至上主義人間」の教育法

宇宙へのオーダーがかなうかどうかは、頑張ったか、頑張らなかったか、苦労したか、苦労しなかったかは一切関係がないということに、気づいていない人間が多い。

さらに、一度頑張ることを覚えた人間は、頑張らずに手に入れたものに対して罪悪感を抱き、頑張らない人間を許せない傾向まである。

「簡単」は悪ではない。行動しさえすれば、うっかり幸せになったって全然かまわない。苦労しようが、楽しくてしかたなかろうが、「行動」したかどうかにかかっている。

それを肝に銘じて、グズグズしている人間がいたら、容赦なく、行動させること。

ただし日本人は苦労至上主義ゆえ、改善には根気が必要。

ちなみに、人間の多くは「行動」を「努力」「苦労」「必死」

「大変」だと思っているが、これは半分正しく、半分間違いだ。

願いをかなえるには、確かに行動が絶対だが**「苦労して努力した人にしか成功はない」というのは、ただの制限であり、それ自体が宇宙へのオーダーになるから注意が必要だ。**

苦労してもしなくても、行動していれば願いはかなう。

簡単にかなえるのも、死ぬほど大変な思いをしてかなえるのも、その人間のオーダーというわけだ。

人はなぜネガティブな方に反応するのか

「ネガティブじゃダメだ！！！ ポジティブになろう！！！」と奮起してみたり、「ネガティブな自分ごと、受け入れよう」「どんな自分でも愛そう」と頑張ってみたり。人生がうまくいかないときは、あらゆる手を試したくなるものですよね。コイケもいろいろやりましたから、すごくよくわかります。

人間っていうのはネガティブに反応するようにできているからな。
怖いこと、つらいこと、苦しいことに敏感でなければ、
無茶なことをして、命を失うことがありえるからな。
ただし、それで行動しないなんて、何しに地球に来たか、
さっぱりわからないだろうが！

確かに、行動しに来た僕たちが行動できないっていうのは悲惨ですね。

その結果、どうなるかというと、

人って、ネガティブなことに敏感で、しっかり心が反応しているために、記憶に残っていることは当然、ネガティブなことのほうが多いんですね。

そうだ。人間は、たびたび「あのとき失敗してしまった」と嘆いているが、思っている当人に比べると、周囲はあっさり忘れていたりするだろう？
大方は考えすぎってこと。

そうですね。

なのに、本人ときたら、何度もその失敗や恐怖を思い出し追体験するたびに、心に染みつくように、自分の価値観をどんどんネガティブなほうへと引っ張ってしまう。

そのうちその人は、

「でも、あのときダメだったから」「あれがあったから」

というのが口ぐせになって、
ネガティブなことをオーダーしつづけてしまう。

確かにそれは、本当にもったいない！

僕は、自分の経験から、「期限を決める」「紙に書く」「言葉にする」ということによって、いかにオーダーがかないやすくなるかをお伝えしていますが、紙と鉛筆って、他にも魔法のようにいろいろな奇跡を引き寄せてくれるってことがわかってきました。

ひとつ、僕自身がやってとっても大きな効果があったワークがあります。お伝えしますので、ぜひやってみてくださいね。

紙と鉛筆を用意します。

自分の人生を1年ずつ逆行しながら、その年に起きた素晴らしいできごとを、軒並み書き出してみてください。去年はどんないいことがあったかな。その前の年にはこんなことがあったな、あんなこともあったな……。

1年につき最低10個です。10年さかのぼれば100個になります。ポイントは、どんな小さなことでもOKということ。イヤな思い出の中からいいことを掘り出したりしても大丈夫。

100個書き出したら、トイレなど、目につくところに貼ってみてください。

そしてその中のひとつをぜひ実況中継してみてください。BGMはぜひともF1のテーマ「TRUTH」でどうぞ。

「おおおおっと、借金2000万のコイケ、ここから驚きの巻き返しを図り、なーーーんと、

超絶美人の奥さんにプロポ――――ズ！
なんと、なんと！
借金がまだあるのに大した度胸だ。
しかも……なんと――、
ＯＫです！
ＯＫがでました！！！！
やりました！　不死鳥コイケ、
ついに
人生の金メダルを
手にしました――！」

こうして人生で達成してきたことや素敵なできごとを集め、きちんと目にすることで、どんどん思い出すんです。

「クワガタをどうやってとろうかすっごく考えて、でっかいのがとれたなあ」とか「どうしてもレギュラーになりたくて、毎日練習していたな」とか、自分にはこれまでも、ちゃんとオーダーし、行動し、手に入れてきたものがあるということを。どんな小さなことでも、やり遂げたことはキラキラ輝く宝物。

そして、それがあなたの人生を構成し、今のあなたを作っている。決して、ダメだったことばかりではないんです。そのことを、僕は、一人でも多くの人に思い出して欲しい。すると、枯渇した井戸に水が戻ってくるように、心が潤されていきます。

「僕(私)には、オーダーも行動もできていた」

ということを、知ってください。

成し遂げた人だけが知っている世界を、あなたも実はもうたくさん知っている。だからこそ、さらにまだ見ぬ世界を見に行きたくなる。本来、人生ってそういうワクワクしたものだと思うから。

魂はどんなピンチからでも幸せにたどりつく道があると知っている

地球は行動の星で、あなたが心から思っていることを増幅させることによって願いをかなえていて、そして「心」は、あなたの「体」が死なないようにネガティブなことに敏感になり、守ってくれている。

そう思うと、なかなかいい方向へと変化しない自分や、ついネガティブな思いが浮かんでしまう自分自身を、「そうか、自分を生かすために（死なせないために）、心がそうやって守ってくれているんだ」と、ちょっと感謝の気持ちが湧いてきませんか？

それがわかったら、次に大事なのは「魂」の話だぜコイケ。

心よりももっと宇宙に近い、僕らと宇宙のつなぎめのことですね。

そうだ。おまえらが宇宙とつながっている
パイプの深層の部分のことだな。

この「魂」こそ、地球での行動を存分に楽しんで、宇宙に報告している存在です。

「心」が命を守ろうとして萎縮したり、行動を止めようとしたりしていても、「魂」は、どれほど危険なことも、めちゃくちゃハイテンションで楽しんでいます。

そう、たとえば映画「アルマゲドン」では、小惑星が地球に直撃という危機に、石油採掘をしていた屈強でガラの悪い男たちが、小惑星に飛んで軌道を変えるという命がけのミッションに挑むわけですが、地球滅亡を前にしたこの映画を、観客はめちゃくちゃ楽しみながら観ているわけですよね。最後に主人公が死んでしまうのだって、感動のシーンだったりします。

でも、これ、もしリアルな世界だったとして、あと18日で地球がなくなる状態に陥って、「はいじゃあ、無法者の集団に命預けますね」ってなったら、大パニックになるのではないでしょうか。

この反応は「心」によるものです。命を守るための焦りや、パニックです。

でも、「魂」はというと、まったく焦ったりしません。僕らのリアルな世界、この地球が「セット」だということに気づいているわけで、これが、行動を楽しむための「舞台装置」だとわかっているのです。

地球で「肉体」と「心」を得た人間は気づいてないが、「魂」はそれをわかっているからこそ、どん底でもがいているときですら、嬉々として楽しんでいるってわけだ。

でも僕らは、実際に痛みを伴ったり、苦しんだりしているわけだから、そうは思えませんよね。

まあ、本来はこのカラクリを教えずとも、人間は、人生映画を存分に楽しんできたわけだからな。それがどうだ。昨今の人間は、心のブレーキがかかりまくり、行動にどんどん及び腰になっている。

ネガティブにとらわれずに地球を楽しむために、今の僕がお伝えしたいのは、

この地球がセットで、
僕らの苦悩も痛みもすべて
映画をおもしろくするためのストーリーの一部。
魂はどんなピンチからでも
幸せにたどりつく道があると知っている。

ということ。

これが、ドS本第1弾でもお伝えしている「人生は映画と一緒だ、楽しめ！」の真髄であり、宇宙の真理でしたね。
逆境も映画をエキサイティングにする舞台演出のひとつ。私たちは自分の「人生」という映画を楽しむと決めるしかないんです。

「自分を幸せにする覚悟」さえあれば恐れるものはない

ワクワクすることをやりたい。

できれば、それしかやりたくない。

そう思うことってありませんか？

そして、昨今は、そうやって「自分のやりたいことだけをやろう」という成功のノウハウも増えてきているように思います。

「コイケさん、願いをかなえるには、自分を大切にして、自分がワクワクすることをやって、やりたくないことはやめる、ってことでいいですか？」

そんなふうにたずねられることが最近増えたんです。

確かに以前から宇宙さんも言っていたように、最近は、自分をまずは心地よい状態に持っていくことを大切にする傾向があるようです。

いや、それはもちろん間違いじゃねーが、ただし！
本気のオーダーをまるごとキャンセルしてしまうこともありえるぞ

本気のオーダーをまるごとキャンセル⁉

たとえば、だ。
さっきも言ったように、
人間はネガティブに敏感でしかも避けたがる。
無意識に、だ！
「ありがとう5万回やったらすげえ、って思ったけど、
面倒で、やりたくないからやらない」
「ふとあの場所に行ってみたら、というイメージが湧いたけど、
行きたくないから行かない」
「気が乗らないから全部ドタキャン」

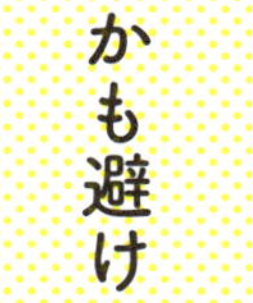

こんなことをしていては、せっかくのヒントを実行しないまま、
ふだんのネガティブなくせにしたがって、
どんどんオーダーをキャンセルしてしまうことになる。
これらの「やーめた」は、自分を大事にしているんじゃなく、
宇宙への「無責任ネガティブキャンペーン」だ！

スピリチュアルというのは、目に見えないからスルーしていい薄っぺらなものではなく、自分の宇宙に起きることへ責任を取る、ということです。

でも、「責任」っていう言葉におののいちゃう人は多いですよね。

ああ、それもまた人間の勘違いのせいだ。

勘違い？

責任というのは「誰に対して取るか」が重要なんだ。
これが、自分以外の「誰か」のために取る責任である場合は、
途端に「責任」は重く、つらく、のしかかってくる。

「誰か」の責任っていうのは、「きちんとしなきゃ」とか、そういう？

それもそうだが、たとえば、会社で失敗したときって
誰に対して責任を取らなきゃならないと思う？

まず思い浮かべるのは、会社と相手先ですかね。

違うんだよ！
失敗も、成功も、何かを自分で選択して、行動したときの責任は、
「誰か」にはない。
すべての責任は「自分」にあるんだ。
責任というのは、
「自分の人生については、
すべて、自分で責任を取ります」
という、本来、自由の象徴なんだよ。

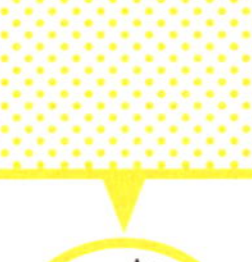

そうすると、失敗するのが怖くて、行動するのが怖くなりそうですよね。

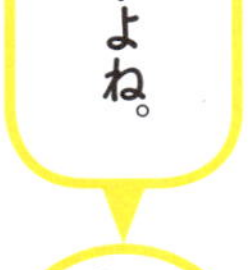

そう思うだろう？
だが、お前は違ったはずだ。

実は、これは逆なんだ。
「自分の人生に責任を取るということは、
ある意味、何をやっても、自由」ってことだ。
失敗しようと、思った結果ではなかろうと、
「自分の人生と、自分の行動には自分が責任を取る。
責任を持って、必ず幸せにする！」
その覚悟さえあれば、怖いものなんてひとつもないんだよ。
逆に、誰かの価値観で判断しようとしたり、人の目を気にして
「うまくいかなかったら、どう思われるか」
「相手に対して責任を取らなくては」
と思うから、つらくなるし、重くなる。
そもそも、他人に対する責任なんて、取れないいんだ。

「悲劇のヒロインぐせ」は今日からやめる

宇宙さんのスパルタ教育のおかげもあって、今となっては、お尻なんか叩かれなくったって、楽しくって、一に行動、二に行動、毎日うっきうきのコイケです。

そんなコイケも、自分の不幸に身を任せ、悲劇のヒーロー、いや、脇役、いやいやチョイ役に転じていた時代は長かったものです。

僕が「不幸ぐせ」と呼ぶこの厄介な病は、これもまた驚異的な形状記憶力を持っていて、大いに宇宙へのオーダーを妨げます。

この不幸ぐせにおかされたコイケが、どうやって、借金2000万からの脱却を図ったのかというと、ズバリ、

コイケって、なんて不幸なのかしら～　ヨヨヨ

と、舞台中央に差し込むスポットライトに崩れ落ちるのをやめたからです。

どうやってやめたのか……それは、ただ「やめる」って決めたから。

僕はなんて不幸なんだ、というヨヨヨ節をやめ、かわりに始めたのが、「幸せ」や「ポジティブ」に目を向けること。

一切の不平を言わず、人の悪口も言わず、1か月間「ありがとう」だけをつぶやきながら、過ごしてみたのです。それを、「じゃあ、あと1か月」「もう1か月」と続けていたら、いつのまにか

「不幸ってなあに？　おいしいの？」

っていうくらいに、不幸とは無縁になっていたのです。

だから、「本当に苦しくて、もう八方塞がりでどうしたらいいか…」と嘆く人に僕がお伝えしているのは、

「今から1か月、一切の不平不満を言わず、人の悪口も言わず、とことん『ありがとう』に焦点を合わせて生きてみてください」

ということ。1か月ですよ〜。ひとつも、悪口のカケラも、ネガティブな言葉もここではNG。ひとつ言ってしまったら、また最初から1か月。

完了できるまでトライしたころには、もうみなさん見違えるように「不幸ぐせ」はなくなっています。

人間の不幸ぐせはしつこいからな〜、ククク……

「悩みのカラクリ」の巻

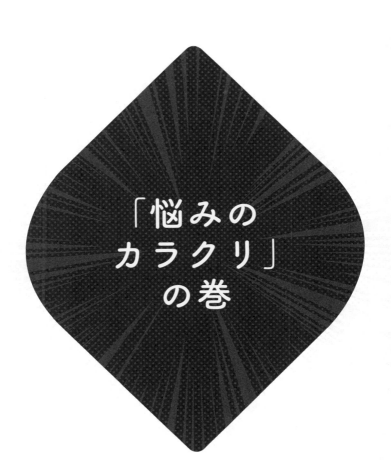

其の参「心のくせ」の攻略法を教えよ

「いつも悩んでいたい人間」の教育法

一度悩みぐせのついた人間は厄介だ。ひとつの悩みが解決したら、また次の悩みをちゃっかり見つけてくる。

「悩みぐせ」とは「人生の貴重な時間を悩むことに使うくせ」。**人間は悩むことで、行動しない「理由」を得ている。**人生を悩みに使っている以上、行動せずにすむからだ。

悩みを抱えているときに行動なんてできない、なんて言うやつがいるかもしれないが、逆に、行動しはじめると、多くの悩みは消えてしまう。悩みには実体はないからだ。

たとえば悩みがひとつ消えて、一時的に暇になったとき、次の悩みを探しはじめたら迷わずハリセンでしばくべし。悩むことは行動しない言い訳。行動し尽くす人生を取り戻させなくてはならない。

「ワイドショーエセ当事者人間」の教育法

世界中の出来事やニュースが一瞬で入手できる今、自分ではない、他の誰かの宇宙の話にまで身を乗り出して聞き耳を立てる妙な「くせ」を持つ人間は多い。なぜか一緒に心を痛め、鼻水号泣し、大声で批判し、怒る。

となりの宇宙は青い、そして、となりの宇宙は怖い。

別の宇宙に首を突っ込み、あたかも自分事のようにとらえるようになると、恐ろしいことが起こる。

次第に「あの事件の被害者かわいそう」「あれはゆるせない」

と、自分のことを棚に上げて行動しないシステムを次々と生産しはじめるのだ。

とくに、事件やゴシップなどの、ネガティブなネタを見聞きすればするほど、人間の脳には「それは自分にも起こりうる」という感覚が生まれる。さらには、何度も聞いているうちに、まるで「自分のことだ」という錯覚を覚える。

そうすると**「あれはゆるせない！」という怒りは自分の宇宙へのオーダーとなり、ゆるせないことが次々と目の前に現れてしまうという事態に陥ることもある。**

ワイドショーやゴシップ記事と自分の宇宙との距離をきちんと保てるなら、楽しむ分には目をつぶってよいが、深入りするまえにきちんと〝離れる〟ことを教えよ。

「親への復讐人間」の教育法

人間の魂は本来、宇宙から選ばれ、愛され、育まれた存在だ。そして地球上の親や兄弟、家族も、ひとりひとりそうして宇宙から選ばれた「魂の精鋭たち」だ。

だからお互いを「宇宙からのお預かりもの」として大切に扱う必要があるのだが、地球に生まれてからそのことを忘れてしまっている人間は、生まれてから最初に出会う「親」に、地球に来た目的そのものを委ねてしまう傾向がある。

ほしいものがあれば泣いてオーダーし、自分が動けないから親に行動してもらい、その望みをかなえようとする。

ある意味理想的なオーダー達成システムでもあるのだが、同じ動きを繰り返すカラクリ人形生産システムでもあるため、注意が必要だ。

子どもに自我が芽生えてくると、このオーダー法は生まれ落ちた家庭環境に左右されはじめる。

生まれた家族に無言のうちに伝えられる、家系の「心のくせ」の連鎖が、オーダーを制限しはじめるのだ。

たとえば、母親自身が愛されて育っていないとき、母親は子に愛情を注ぐのが難しいというケースがある。人間は自分が愛された方法でしか、人を愛することができないからだ。

それでも純粋に愛を求める子どもは、自分が望む愛情を親が与えてくれないことで「自分は愛されない、必要とされない子どもだ」とふさぎ込む。ただ、親が愛し方を知らなかっただけだとしても、子どもは落胆する。

落胆の思いは長い年月をかけて降り積もり、やがて復讐《ふくしゅう》心に変わる。

「ほら、お母さんが愛してくれなかったから、僕は成功することができないんだよ」と親のせいにしつづけ、「親が愛してくれなかったから幸せになれない」と、主張しつづけ、穿《うが》った復讐を果たそうとするのだ。

人間は本来、自分でオーダーし、自分で行動し、望みを実現させる力を持っていることを、折に触れ伝え続けるべし。

地球に選ばれてきた時点で、誰もがその力を持っている。

願望がかなわないのは、オーダーと行動を放棄し続けているからであって、運や、能力がないからではない。

そのことを改めて教え、親よりも幸せになることを許可させよ。

オーダー実現を妨げる「心のプログラム」

大いなる宇宙の中に、僕たちひとりひとりの宇宙があって、宇宙とつながるパイプの中には魂の存在があり、人の行動や命の安全をつかさどるための心があります。

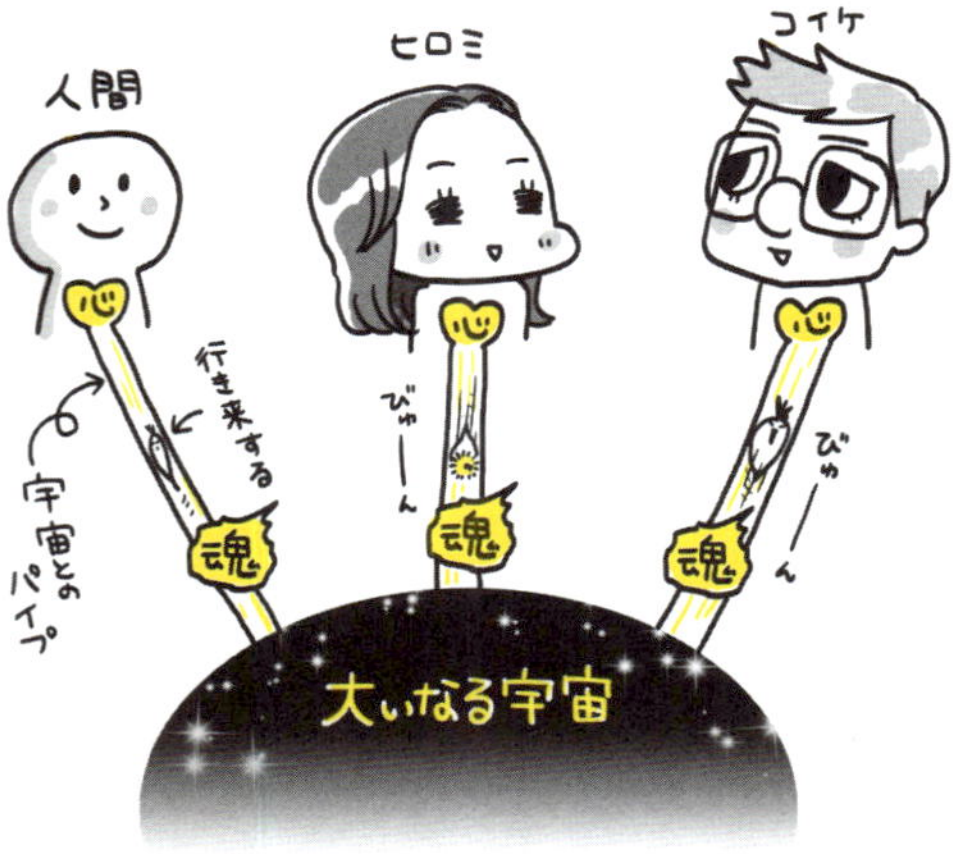

ひとつ厄介なことは、心は、人の体を危険から守るための危険回避能力が、非常に優れているということ。それはもう、めちゃくちゃに。

われわれの魂は、思う存分行動し、地球での冒険を成し遂げるために、本来の目的をいったん消去されて、まっさらの状態で地球に生まれてきます。

最初に生まれた家族の中で、人は自分の命を安心安全に保つ方法を模索します。目で見て、心で感じて、空気を読みながら、この地球上では、何が安全で、何が危険なのか、何が喜びで、何が悲しみなのか――それを選択していくフィルターの役割が、心です。

ですが、家族の中に安全な場所がなければ、心は敏感に危険を回避しようとし、より空気を読み、安全策を講じはじめます。

一番影響を受けるのは、生まれ落ちた家族。
つまり、生まれて最初に出会う人間たちだ。
母親であり、父親であり、地球上で最初に体験するはじめての「社会」の中で、人は「命を守る技」をどんどん身につけていく。
それは本来、地球で命を守りながら、存分に地球を堪能するために、身につける技術だが、これが、実に厄介だ。

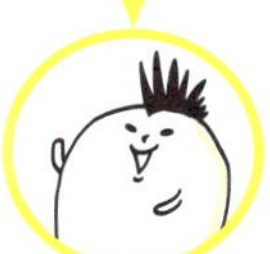

なぜなら、ひとりで生きていけるようになるまで、
自分の身の安全を確保しようとすると、そこには、親の価値観や、
生きている環境が大きく作用してくるからだ。

ああ、だから本来、
「うっひゃー、おもしろーい」
「うっひゃー、あれやりたーい」
と、無条件に、能天気に楽しみまくればいいはずなのに、
安心安全を保とうとするがゆえに、
危険を察知して、
心はネガティブなほうへ研ぎ澄まされてしまうのですね。

そういうことだ。幼いころに過ごした環境が危険であればあるほど、
危険に敏感になるっちゅうわけだ。

この「危険」というのは、人間の場合「捕食者に出合って逃げる」というような、目の前に差し迫る危険であることは少なく、この人間社会で生き残るために、心で必要な危険を回避し、無事大人になることを最優先するということです。

たとえば、幼い子どもは自分の力で食べていくことはできませんから、親の顔色を見ながら生きる術《すべ》を身につけてしまう。

つまり、自分が自ら行動を起こして体験する前に、父や母の思考や、経験に影響を受けるというわけなのです。

たとえば、母親が若かりしころ、アイドルを目指して上京したけれどあえなく挫折した、という場合。

「夢を追いかけていても、生きてはいけないの。堅実に生きないと」

と、幼いあなたに強く伝えるかもしれません。

そうすると、それがあなたの危険回避プログラムに刻まれて、

「そうか、夢は追いかけると危険なんだ」

と丁寧にメモされてしまいます。

また、父親があまりにも厳格で恐ろしい存在だった場合は、まず、父親を怒らせな

いようにすることが、危険回避であったりすることもあります。

この危険回避システムは、だいたい10歳くらいまでに完成すると言われている、いわゆる「爬虫類《はちゅうるい》脳」に蓄積され、以後、よほどのことが起きない限り、書き換わることはありません。

トカゲは一度危険な目にあった道を、以後、絶対に通らないそうです。だから、脳のこの危険回避をつかさどる部分を「爬虫類脳」と呼ぶそうです。

これ自体は、身を守るために子どもにとって必要な危険回避プログラムなのですが、厄介なことに、自分の力でどこにでも行けるようになっても、同じプログラムが発動しつづけてしまうということ。

そう、だからもし、あなたが「どれだけ願いをオーダーしても、人生を変えたいと思っても、すぐ、もとのネガティブな自分に戻ってしまう」というとき、それは、あなたが幼いころ、生きるために心に刻んだ、危険回避プログラムのせいかもしれません。

「ありがとう」が潜在意識を書き換えていく理由

この危険回避プログラムは、生命に関わる重要な情報であり、経験ですが、同時に、簡単に書き換わることのない厄介さを持ちあわせています。

「あれ？　危険だと思っていたけど安全だったから、やっぱりこっちの方向に行きたい」と思ったとしても、体が断固として動かなかったり、危険な感覚が抜けなくて動けなかったりするのもそのためです。

そう、この爬虫類脳を攻略しない限り、
「おっしゃー、これで願いがかなったぞー！」
と叫んでも、行動しない、できない、だからかなわない。
「かなわないじゃないかー！　コイケー!!!　出てこい、
このやろう、ボコボコにしてくれる！」
となるわけだな。

そんな人いませんって！

でも、簡単に書き換えられないというなら、
じゃあ、どうしたらいいのか。
どうしたら、もっと自由に願いをオーダーし、
自由に行動することができるのか、がキーワードですよね。

それには、いくつか方法があるぞ！
コイケがすでにやっている手法、心理療法もそのひとつだ。

自分では簡単に書き換えられないようにできている爬虫類脳ですが、専門の知識と技術を持った専門の治療家の力を借りることで、幼いころの「危険」を「安全」に書き換えることができます。

ただ、専門家の力を借りなくても自分で少しずつ、じわじわと変えていく方法もあります。

それは、

今、目の前にあるもの。今、できていること。それにフォーカスし、すべてに感謝の言葉を投げかけるということ。

そのハードルは、低ければ低いほどいいというのが僕の実感です。

当たり前だと思っていること、当たり前のようにできていることすべてに、「ありがたいなあ」と、口に出して言ってみること。

「ああ、水道をひねったら水が出るってありがたいなあ」

「ああ、今日も青空の下で過ごせて、ありがたいなあ」

「ああ、今日も屋根のある部屋で目覚めることができて、ありがたいなあ」

「ああ、着る服があるってありがたいなあ」

こんなふうに、「危険」にフォーカスするのを意識的にストップして、今あるもの、すでにできていることに、とにかくフォーカスしてみます。

これは、過去の自分ではなく、今に目を向ける練習にもなります。

この練習は、今の自分の安全や幸せは、過去の自分ではなく、今の自分がつくっているし、これからもつくっていけるのだということを、心に刷り込み直すことにもなるのです。

少しずつ、少しずつですが、効果は絶大ですよ。

「ありがとう」を口ぐせにすることが成功につながるのは、心に刻まれた「不安」や「危険」を、「大丈夫」に変えるから。**そして危険にフォーカスする時間をなくす効果があるから。**僕は今そう思っています。

「お悩みリモコン」の停止ボタンを押す

人間って、悩みが尽きない生き物です。

基本的にそうなってしまうのは、ネガティブなほうへと引き込まれやすいから。それは、前項でそのしくみをお伝えしましたが、実は、「悩みをストップさせる術」があることに気づいて、借金を返していく過程で僕はそれを実行していきました。

その「術」とは、悩みがあるときこそ、動くという方法。

動くことで悩みを解消していくってことです。

人は行動していないときというのは、たいてい、悩んでいますよね。

そりゃ、答えは明白だ。行動しなくてすむからだ！

で…ですね。僕もさんざん、悩んではお尻を叩《たた》かれ、悩んではお尻を叩かれ、行動しているうちに、悩んでいる暇がなくなって……

おう、感謝しろよ。行動しない限り、願いはかなわないからな。そう知っているのに、行動しない。行動しないから、願いがかなわなくて悩む。

悩むから、また行動しない。結局は、
オーダーもしないし、行動もしない！
だから、ミラクルは起きない。
……という、立派なオーダーをするわけだな〜
見事に、かなってるねえ。

うわああ、耳が痛いけど、なんだか懐かしい感じ！

でも、「変わらなくてはならない！」というのも、それもひとつの思い込みかもしれません。

何かを成し遂げなくても、今幸せであれば、それは十分に地球を楽しめているということでもあると、僕は思うのです。

「いやいやいや、コイケさん。変わりたいから悩んじゃうんですよ」

という人にはひとつ、考えてみてほしいことがあります。

悩みがなくなったら、どうなると思いますか？

今悩んでいることが、すべて一瞬にしてなくなったら、あなたはどうなりますか？

これは、僕自身も体験したことなのですが、借金取りに追われ、朝起きた瞬間に「えーっと、今日どこに払うんだっけ？　ア○ム？　プ○○ス？」とはじまっていた頃は、悩みは尽きず、頭は大忙しでした。あ、仕事は暇でしたけど。

でも、借金を返して、事業もうまくいき、好きなだけお客様の前で宇宙の話をさせてもらえるようになり、ストレスフリーになってみると、どうなったでしょう？

答えはズバリ、超絶〝暇〟になったんです。

借金まみれのころよりも断然忙しいはずなのに、コイケ、めっちゃくちゃ暇になりました。

人間の「暇」には、ふたつの種類があるのだと知った瞬間でした。

ひとつは体の暇、もうひとつは心の中の暇。僕が今、存分に味わっているのは、心のほうの暇なのですが、心が暇になると、人間はどうなるか。その答えは、さらにふたつに分かれます。

ひとつは、

暇を利用して好きなことを存分にやるようになる。

もうひとつは、

暇だから、新しい悩みを見つける。

このどちらかなんだと思うんです。

さあ、どっちにしますか？
そう聞くと、多くの方がにっが——い顔をされます。

そりゃそうだろうよ！
行動せずに暇だから悩んでいるとも言えるが、
暇になるのが怖いから悩んでいるとも言えるわけだからな。
悩みを解消したら、今度は次の悩みを探す。
そして、行動はしない。
これ、本末転倒の極みじゃねーのか？
この本を手にして固まっているヤツ、今すぐ自分に問いかけてみろ。
「今、この瞬間、抱えている悩みが全部消えてしまったら、
自分は、やりたいことに向かってスッと踏み出せるのか？」ってな。

答えがＹＥＳなら、心の暇を手に入れて存分にやりたいことをやる
自分をイメージして、悩みがあっても動くべし！　ですね。

答えがＮＯなら、悩みのループを断ち切るべく、たとえば、こんなイメージをしてみてほしいんです。

あなたの手元には、〝お悩みリモコン〟があります。再生・停止ボタンがあるテレビのリモコンです。あなたの家のテレビは、なぜだか勝手に、撮りためたあなたの〝悩み〟を再生してしまう壊れたテレビ。

あなたは再生がはじまると、停止ボタンを押します。心の中で。

また次に、勝手に再生を始めてしまう前に、あなたは行動を起こしてみます。人は行動しているとき、悩むことができないようにできています。ですから、次々に行動して、悩む隙をなくし、また悩みの映像が脳内に再生されはじめたら、停止ボタンを押す。慣れるまで、この繰り返しをしてみます。

同様に、暇を感じたらすぐに「ありがとう」「愛してる」をつぶやくことも効果大です。思考の隙間にポジティブな口ぐせを入れる習慣は、無意識に新しい悩みを探そうとすることを阻止してくれます。

行動しながら悩むことができないのと同様に、「ありがとう」「愛してる」のように良い言葉をつぶやいているときに、悩むことなどできないのが人間なのです。

「なぜか幸せが逃げていく」は「心のくせ」だった

ある読者さんからの質問で、

「願えば願うほど、不安が生まれてくる。今ある幸せは、いつかなくなるような気がしてしまう」

というものがあったのですが、この不安も、心理的には、命の危険を回避しようとして起きている反応だったりします。

ですから、これらは正常な反応で、しかも大切なことでもあるわけですよね。

そしてこの反応の多くは、幼いころ、自分の母親の姿を見ながら〝決断〟したことであることがほとんど。

たとえば、母親が大変な苦労をした場合や、幸せだったのに何かのできごとが起きて、どん底を味わったのを見てきた場合などは、母親への最大のリスペクトと大きな愛から、

「幸せは長く続かない。いつまでもあると思ってなくなったら傷つくから、幸せを得

ようと行動するのはやめよう」

という概念を、心に刻んでしまいます。

そして、大人になってもこの概念から抜け出せずに、

「幸せになりたいのに、行動できない」と苦しむことになります。

なぜなら、お母さんをとっても愛しているから。

幸せそうでない母親を見ながら、

「お母さん、かわいそう。私が母親よりも幸せになるのはやめよう」

と、幼い心が判断し、決断してしまうようなのです。

これを、心理学では「親に忠誠を誓う」と表現することがあります。

親の生き方を最大限にリスペクトした結果、無意識のうちに、自分も幸せにならない選択をしてしまうわけですね。

ですから「幸せになろうとすると、とてつもなく不安に襲われる」という場合は、幼いころ幸せそうではなかった親に忠誠を誓いつづけている可能性があります。

まあ、地球に生まれたての何もできない赤ん坊は、
親に生き死にを左右されているから当然っちゃ、当然なんだが、
そんなに必死こいて愛を請わなくとも、愛を確認せずとも、
人は本来、宇宙から丸ごと肯定され、愛されている。
悩みにしたって、そもそも宇宙には、
問題が生まれた時点で
解決法も同時に生まれている。
「この問題には解決法がないんじゃないか」なんて、
考えるから、悩みが生まれ、行動しない。
でも、宇宙には解決法はすでにあるんだよ。前にも言ったよな。

だから、いつまでたっても、解決法を見ようとしないってことですね。

そうそう、解決法が見つかって、暇になると、
幸せに向かって進まなきゃならなくなるからな
そうすると、幸せになっちゃいけない気持ちが迫ってくる。

この状態に陥った僕たちは、なかなか自分の力で抜け出せないことがあります。

こういう場合、僕がオススメしているのは、ある心理ワークです。

ときおり、講演会でもこのワークをやっていますが、これだけで、参加者の方のお顔がパッと明るくなって、目が輝き出す、ということもよくあります。

そして、心を〝クリーニング〟することによって、宇宙へのオーダー力が、アップするのです。

いやあ、しかし、人間もやるねえ。
このどうしようもない現状を打破しようと、
人間なりに、心ってものを研究し、
こんな〝宇宙パイプクリーニング〟を発見しやがるんだからな。
オーダーしてもオーダーしても、どうしようもなく
心が疲弊してしまうってヤツには、効果があるようだな。

僕も心理学を学んでみて、
宇宙へのオーダー力がアップした気がするんです。
やっぱり、現代人の宇宙パイプを徹底的にクリーニングするには、
心のワークが必要なのかもしれませんね。

僕が講座で行なっている宇宙パイプをクリーニングする心理ワークは次のようなものです。

まず、椅子に座って目を閉じてみてください。

ゆっくりと深呼吸をしながら、今と自分に意識を向けます。

そして、少しずつ幼いころの自分の感覚に戻ってみてください。

3歳？　5歳？　なんとなくピンとくる年齢があるはずです。

そして、目をつぶったまま、幼いあなたの目の前に、お父さんとお母さんが立っているのをイメージしてみてください。

お父さんとお母さんに、心の中でこう伝えてみてください。

「お父さん、お母さん、
私は、お父さんお母さんよりも、
幸せになってもいいですか？」

「お父さん、お母さん、
私は、お父さんお母さんよりも、
簡単にお金を稼いでもいいですか？」

「お父さん、お母さん、
私は、お父さんお母さんよりも、
簡単に愛されてもいいですか？」

イメージの中のお父さんとお母さんはどんな顔をしていますか？
あなたの心は、どのように動きましたか？
それを感じてみてください。

どんなことが浮かんでも、いいとか悪いとかはありません。
ただ感じ、受け止めてみてください。
そして、次に、こう伝えてください。

「お父さんとお母さんは、
私にぴったりの親です。
私は子どもとして、
お父さんとお母さんの人生を、尊重します」

人によっては、苦しい環境で生きてきた両親に対して、かわいそうという気持ちが湧く人もいるかもしれません。ですがそれは「心」の視線。「魂」の視線で見れば、その環境を選び、生き抜いた尊い人生です。

親の人生を尊重することと、自分の人生を大切にすることは密接にセットになっています。「親に忠誠を誓おうとする」心のしくみがあるがゆえに、親が幸せでないのに自分が幸せであってはならない、と「心」は判断するのです。

そこで、この言葉でこのワークを締めくくります。

「私は（あなたの子どもとして）私の人生を尊重します」

あなたの心は、どのように動きましたか？

それを感じてみてください。

このワークは、幼いころの親への忠誠心から抜け出して、親の人生を尊重し、自分の人生を歩むという、自分の心への宣言でもあります。

親がどれほどに困難な人生を歩んできたとしても、その重荷を背負い、生きてきた親を「かわいそう」と思うとしたらそれは「心」の視線。「魂」の視線で親の人生を見ると、「なんとチャレンジングなのだろう」と、最大限の敬意を持って親の人生を尊重でき、あなたの心もふっと、軽くなるでしょう。

子どもから見て、親が不幸で大変そうに見えたとしても、

親はその体験をするために地球に来ているわけだ。
そして果敢にその自分の人生のストーリーを歩み、堪能している。
あらゆる学びを得て、宇宙に帰っていく。
それは、「かわいそう」とあわれむことでも、
「変えてやろう」とすることでもない。
ただただ尊び、見守るべきことだ。

自分も不幸でいようと思うことで、
親への忠誠心や愛を伝える必要はないってことですよね。

そうだ。愛があるならむしろ、子は子の人生を堪能すべきだ。
そして、幼いころの親がどれほど大変そうであったとしても、
親は親、私は私。
「私は、幸せでいる」
と決めること。
そこから、現実は少しずつ動き出すからな。

「世間のニュース」に首を突っ込んでいるうちに起こること

インターネットにアクセスしたり、テレビをつけたりすれば、一瞬で、この世にあふれるかわいそうなニュースや不快なできごとにすぐにアクセスができます。これらも、オーダー実現に影響を与えます。

だから、僕は新聞もワイドショーもニュースも、一切見ません。

あくまでも、僕は、ですけどね。

まあ、おまえはもう、自分の宇宙を楽しむことに忙しいからな。だが、情報依存人間は多い。芸能人の不倫、詐欺事件、もろもろ、となりの宇宙の話に首を突っ込んでいるうちに、あっというまに寿命が来ちまうってもんだが……やっぱり暇なのか？

暇ってわけではないと思いますが、スマホを持っていれば目に入ってきちゃいますからね。

ワイドショーやニュースの悲惨なできごとを見て、同調してしまうことで「そんな悲惨な現実が起きる」ということを、自分の中に取り入れ「自分の人生にも起こりうる」と認識して生きるようになることもあると思うんです。

あるニュースに怒り批判すればするほど、世の中をジャッジすることになり、自分もいずれ批判されるのではないかという意識が生まれます。「ああ、人は失敗するとこうやって、批判され、否定されるのね」と学習し、失敗してはいけない、失敗は怖い、と思いはじめます。

さらには、世の中の悲惨なできごとを目にすることで「ぜいたくなことを言ってはいけない。もっと悲惨な人がいるのだから」と自分に制限をかけたり、幸せになろうとする気持ちに罪悪感を持ってしまう。

そう、あらゆる面で、自分をネガティブなエネルギーで満たしてしまうことにもなります。

これって、夢をかなえる力を摘《つ》み取る「ドリームキラー」なんだよな、ひとつの。

本気で人生変えたいなら、焦点は何よりまず自分だろ？　〃誰かのできごと〃によそ見してんじゃねえよ。

マザー・テレサの言葉に、「反戦運動には参加しません。ですが、平和活動には喜んで参加します」というものがあります。思わず「ブラボー――――！」って叫びたくなるような名言だなあ、と僕は膝《ひざ》を打つ思いでした。

戦争があり、それに対する反対運動をする……それはつまり、多くの人のそれぞれの宇宙に「戦争の存在」を刻みつける行為です。

これは、自分の宇宙に何を存在させるのか、ということにもつながる大切な視点です。自分の宇宙に責任を持ち、自分をわざわざ負のエネルギーに触れさせないこと。見るもの、聞くこと、感じるもの、それら自分が日常的に受け取るエネルギーについて、自分で責任を持って見極めることが大切だと僕は思っています。

もちろん、困った人を助けたり、ボランティア活動をしたり、ということが、すべてがネガティブな行為だとは思っていません。

新聞などで世界情勢や日本の政治について知っておくことも、大事なことだとも言えますよね。

だから、どちらが正解とか間違いとかではもちろんありません。

ただ、大切なのは、テレビやインターネットがなければ触れることのなかったネガティブな情報まで拾って、あたかも自分がその状態にいるかのように、**情報の持つエネルギーに翻弄されてはいけない**ということです。

4

其の四　心のブレーキとの付き合い方を教えよ

「青でもブレーキ人間」の教育法

人間の心というのは、非常に複雑なつくりをしている。

そして、厄介なことに、人間の心は、本人がまったく気づいていないにもかかわらず、簡単にウソをつく。本人の思考なんて、簡単に騙《だま》せる。

心には命を守るという役割があるからだ。本人が勝手に「よし、じゃあ、トラと戦おう！」と思っても、簡単にそんなことができないように阻止する。

人生をかけて学習してきた「危ないよ〜」「怖いよ〜」とい

う安全プログラムが全部ブレーキになっていて、どんなに青信号でも、延々とブレーキを踏むから厄介だ。

動きたいのに動けないとしたら、その理由はすべて自分自身にあると教え、自分と会話する時間をつくらせよ。

一体何に身の危険を感じているのか、何が心のブレーキになっているのか。思考では「やりたい」と思っているのに心が「絶対ダメ」と止めているものに注目させることが大切だ。

自分の体、自分が普段身につけている物、それに問いかけ浮かんだ「声」を受け止めることを繰り返していると、自分の内面が何を伝えようとしているのかを知る精度が上がってくる。

「自分に遠慮人間」の教育法

人間は、必要以上に「人の目」を気にする生き物だ。

生きているのは「自分の宇宙」なのに、恐ろしいほどの遠慮ぶりだ。

遠慮ばかりしていると、自分の宇宙のコントロール力が失われてしまう。「どう見られたいのか」ではなく「どうありたいのか」を考えさせるべし。

なぜなら「どう見られたいのか」「どう思われたいのか」は、あくまでも、他人からの視点だからだ。それもまた、これまで生きてきた中で生み出された「成功の定義」だったりするのだが、そもそも、自分だけの宇宙で、自分以外の「成功の定義」なんて、何の役にも立たないことを厳しく教えよ。

人間には常に、「その願望は、そう思われたいのか？　それともそうありたいのか？」を確認させてみること。

たとえば「お金持ちだと思われたい」のと「お金持ちである」とでは、まったくもって意味が違うからだ。

「言い訳人間」の教育法

心と体を持って地球にやってきた人間は、愛情不足で育つと宇宙に願いをオーダーする気力を失ってしまう。

愛は人にとってのガソリン、動力の源だからだ。

「愛してくれなかったから、私は不幸」とばかりに、自分を愛してくれなかった親に復讐するかのごとく、オーダー実現を自ら避けるようになる。

表面的には「もう年だから」「お金がないから」「子どもがいるから」と言い訳をしはじめるが、大元は心のいじけである。

しかし、「愛されなかった私は誰も愛せず愛されもせず、不幸一直線」というのは「心」の視点だ。

「魂」の視点で見れば、地球上の親から愛されていないと感じている人間も、宇宙からは愛され、選ばれている唯一無二の存在である。

「心」は「愛されていない」と感じて立ち止まり、「魂」は「愛されている」から動こうとする。「動きたくない」「動きたい」がせめぎ合い、結局、疲れ果ててしまう。

目の前の問題を、「心」の問題なのか「魂」の問題なのかと分けて考えさせなければならない。

さらに、時間は、未来から過去へと流れている。過去に愛されていなかったにせよ、うまくいかなかったにせよ、ただ未来から流れてくるヒントをキャッチすればいいだけだ。

人の心はウソをつく

「幸せになるために動き出したいのに、どうしても動けない」

「好きなことをやっているのに、なんか、邁進《まいしん》できない」

そんなとき、そのオーダーは真のオーダーなのかどうかを、ちょっとだけ疑ってみてほしいのです。


人の心は簡単にウソをつきますから〜！

そして、心はどうにかして怠けようとしますから〜！

残念！

…………（古！）もごもご。

宇宙さんが言うように、実は、人の心はウソをつかない、なんて言う人もいますが、いとも簡単にウソをつくそうなんです。

理由のひとつに、心のしくみがあります。

心って、僕らが思う以上にナマケモノなのだそうです。

心って、そもそも脳からの信号ですよね。一生動きつづけ、行動するために指令を出しつづけ、人間を生かしつづけようとする存在。

睡眠中も動いていますから、休めるときは、すぐにアイドリングストップしようとするらしいのです。そう、街中を走るバスと一緒ですね。

だから、本気で目的地を決めない限り、心はアイドリングストップしてしまうというわけですね。

当然、脳からの信号によって生み出されているわれわれの心も、できるだけ休もうとして、ウソをついたり、言い訳をしたりします。

これは、ある意味自然なことですよね。宇宙さんは底なしに体力があっても、僕たち人間は地球では生身の存在ですから、休まないと〜。

ただ、本当にやりたいことに関しても、脳が体にストップをかけることがあります。その理由は人それぞれですが、無意識に危険を回避しようとしていることがほとんどです。

これを解明するワークがあります。

なぜ「体が重くて動けない」のか？　それをまずは「カラダさん」に聞いてあげるというワークです。動けない体は必ず答えを知っています。

宇宙からのヒントを得て、動きたいのに動けない「カラダさん」がいるわけですから、そこにこそ、さらなるヒントがあるのです。動けない「カラダさん」に質問してください。

「カラダさん」に口があってしゃべれるとしたら、何と言いそうですか？

「カラダさん、オーダーもヒントも得ました。でも動けない。

カラダさん、どうして動けないの？」

そんなふうにたずねて、慌てずゆっくりと「カラダさん」の声に耳を傾けてください。
「それは◯◯だからだよ」と、具体的に答えてくれるかもしれません。あなたの中に、そんな直感や感覚が生まれてくるなら、それがカラダさんの〝声〟です。

もしくは
「動けないのを僕のせいにしないでくれ。動けないのは体じゃなくて、心が動きたくないだけだよ」
と教えてくれるかもしれません。もしそうなら、改めて自分自身に本心を聞きます。

体が重くて動けない私に身を置いた状態で、こう言ってみましょう。

「私は怖い」
「私は腹が立つ」
「私は悲しい」

どれかひとつ、体が、もしくは心が反応したり、ざわついたり、しっくりくる言葉があるならば、「どうしてそう思うのかというと……」と、口に出して、その先にある言葉を探してみます。

たとえば、「私は怖い」という言葉にピンときた場合、続けて「どうして怖いのかというと……」の先、を、思いつくまま口から出してみます。あまり考えすぎずに浮かんでくるままに口にしてみるといいと思います。

たとえば、

「私は怖い。幸せになると、罪悪感が湧きそうで怖い」

「私は怖い。失敗しそうで怖い」


というような、動けない本当の理由が浮かび上がってくるかもしれません。

その理由に気づいたら、ぜひ自分に伝えてあげてほしいのです。

「あなたの話を聞くよ。どうやったら怖くなくなりそう？」

「私が、責任を持って、私を目標まで連れていくよ」

そして、感情を保留にして、清水の舞台から飛び降りるつもりで、一歩を踏み出してみてくださいね。

とはいえ、ベタな言い方ですが、自転車も最初の「ひとこぎ」が一番重いのだと思います。動き出せない自分を責めないでくださいね。

僕も、最初は及び腰だったのです。

今でこそ当時のことを大きな声で話せますが、借金２０００万……「うおっしゃー、返したるでー」なんて、さすがの僕も元気ハツラツ行動できたわけではありませんでした。

最初から猪突猛進できる人なんてそうそういないのだから、自分を責めたくなるのをちょっとやめて、自分自身の本当の声ときちんと本音で向き合うところから始めてみてください。

自分と話し合うことができたなら、「どうしても動けない」は少しずつ薄れていくはずです。

「どう思われたいか」を捨て「どうありたいか」だけ考えよ

「あなたはなぜ、地球にやってきたのですか？」

もし、こうあなたにたずねたら、あなたは何て答えますか？

「え、そんなの考えたこともない」ですか？

「いやだって、親が出会って結婚して……」でしょうか。


オレは、コイケをしばくために来たぜ！

いや、聞いてませんよ！　それはさておき、実は、地球に来たということは、絶対に何かしらの理由があるんでしたよね。

もちろんだ。だが、
それをまっさらの状態で体験するために、
そのことを、
きれいさっぱり忘れている必要があるんだ。

「じゃあ、わかるわけないよね」と言われそうですが、確かにそのとおりです。

でも、僕のご提案は、あえて、それを考えてみてほしいということ。

地球は行動の星と、宇宙さんはいつもドヤ顔で教えてくれていましたが、この行動は、誰のためかというと、自分のため、ですよね？

あなたの人生が、より輝くことを目指した行動であれば、失敗も失敗ではなく、宇宙から見れば「とんでもなくおいしいネタ」でしかありませんね。

ただし！　もしもこの行動が、誰かの目を気にした先や、誰かの期待に応えるためにあるのだとしたら、失敗することで大きな絶望に包まれ、成功したとしてもどこか虚しさを感じることになっちゃうかもしれません。

それだと、せっかく地球というワンダーランドに来ているのに、楽しいアトラクションは全部他の人に乗ってもらう、みたいになって、もったいない！

では、自分に軸を取り戻すにはどうしたらよいのかというと、

自分はどう思われたいのか

ではなく、

自分はどうありたいのか

だけに目を向けること。

人間っていうのは、人の目ばかり気にしやがるわりに、
自分の目や心は丸無視しやがる！
せっかく、自分が主役の宇宙にいるのに、
脇役にセリフ奪われてどうすんだ！

今自分の主軸となっている価値観が「こう思われたい」という思いの上にあるのか「こうありたい」という思いの上にあるのかでは大違いです。

だいたい、「思われたい」というのは、願いをかなえるための心持ちではないと、さんざん教えたろうが!

本当にかなっていなくても、「かなっているように見られたい」という見かけ倒しのオーダーで、願いがかなうと思うなよ!

そこに「自分はそうある」という、決意と覚悟がなけりゃ、奇跡なんて起きねーぞ!

なるほど。だからこそ、
「優しい人だと思われたい」ではなく、「優しい人である」と宣言し直す。
「成功者と思われたい」ではなく、「成功者である」と宣言し直す。
「キレイな人だと思われたい」ではなく、「キレイな人である」と宣言し直すわけですね。

オーダーとは、「あり方」を宣言することとも言えます。そして、地に足がついた感覚で宇宙へ発信するオーダーにはパワーがあります。

これは、コイケの体験上、必ず現実のものとなります！

とはいえ、あり方を決めると〝ドリームキラー〟が現れるから、ビビんじゃねーぞ。

はい！　ドリームキラーは〝チャンス到来〟の合図ですから！

何がどうあれ、あなたは「まるごと全部」愛されている

自分で自分の心持ちを変えたつもりでも、やっぱり現実が変わらない。

そんな状況が続くとしたら、そんなときは、「愛」について考えてみる必要があるかもしれません。

僕たちが宇宙から地球にやってきたときに家族となって迎えてくれた側、つまり、父親や母親から送られた愛を十分に受け取れていない可能性があるからです。

もともと宇宙にあるのは愛のエネルギー。それなのに何らかの理由で、愛情を十分に受けられずに苦しんだ場合や、地球に来てから受けた大きな心の傷（トラウマ）のせいで、「もう何も信じない」と決めてしまうことがあるのですね。

そうなると、自分のことも信じられなくなる場合があります。そんなときは、自分のオーダー自体を信じることができず、心から信じていないオーダーはかないません。

結果、望む人生が得られないということがあります。


それはあれだ。

コイケが学んでいる、心理学の視点を借りるなら、

「自分が幸せにならないことで親に復讐をしている」

っちゅう、ことだな。

自分が普通に幸せになってしまうと、
自分にひどいことをした（と、実は思っているだけだが）父や母の育て方が正しかったと認めざるをえなくなる。

それが悔しいから「幸せにならない」と決め、
それを見せることで親に一生罪悪感を持たせて罰しようとする。
無意識の復讐劇ってやつだ。
凝ったシナリオ設定だが、演じるのはなかなかしんどいはずだ。
人間のドM根性を引き出しまくるシナリオだからな。
「ほら、幸せになれない。あなたが愛情をくれなかったから」
と、大人になってもなお、無意識にその復讐劇は続いていくわけだから。

これもまた、人間の心のしくみの複雑なところですよね。

本当だぜ。人間の「心」のせいで宇宙は苦労するってわけだ。
ただ、この「復讐」っていうのは、大切な、
愛する相手に対してのみ行われるんだ。
それに気づくと愛に気づくことができる。

なぜなら、隣のおじさんが愛してくれないからといって、復讐なんてしないだろう？　なぜ復讐まで考えてしまうのかというと、それは「かわいさ余って憎さ百倍」ってやつだ。

そうなんです。「復讐」っていうとなんだか、とてつもなく恐ろしいことを考えているように見えますが、この「復讐」っていうのは「愛」でしかありません。

宇宙さんが言うように、隣のおじさんや、たまたま電車のホームで会った知らない人に「愛してくれないからゆるせない。復讐しよう」なんて思いませんよね。

仕事で成功しそうになると体調を崩したり、何もかもイヤになってやめてしまったり、愛する人ができても自分から離れようとしたり、ある日突然嫌いになったり。

それは、心の奥底から「大好きなお母さんに愛してほしい」と願う、あなたの中にある、幼心だったりするのです。

もしも、あなたがそうやって傷ついた心を抱えているのだとしたら、ひとつ、大切なことを知ってほしいと思います。

それは、

あなたは完全な存在で、
宇宙からは絶対に愛されてここにいるのだ

ということです。

「お金のカラクリ」の巻

5

其の伍 豊かさはすべて「先払い」と教えよ

「貧乏ぐせ人間」の教育法

人間の「貧乏ぐせ」を攻略する最善の策は、「先払いの法則」を徹底させることだ。

先払いの法則とは、お金がほしければ、先に「払え（出せ）」という法則だ。だがこれは、「必死な思いをして○○するからその分○○してもらう」という類ではない。それなのに、なぜか、怖がりながら、泣きながら「先払い」する人間もいる。

だが残念なことに、

「お金が戻ってこなかったらどうしよう」

「出すだけ出して、さらに貧乏になったらどうしよう」
という思いは、そのまま宇宙へのオーダーとなり、気づくと借金2000万になっている、なんてことになりかねない。

豊かさの循環は常に「エネルギー（オーダー）の発信」が先。
「豊かさ（結果）の受信が後」である。

また、散財と先払いの区別がつかない人間が多いのだが、この違いは明白だ。

先払いの法則を身につけている人間は、払った対象から直接的なリターンがなくても、どこからか間接的に、払った倍以上の価値を受け取れる、と信じられるようになっている。

必要なお金があれば、最終的に期日までに間に合うと自分のことを信頼できている。

一方で、散財する人間は、何かの欠乏や不安を埋めるために、物を買うという行動をする。買うことで、満たされない気持ちや、「誰かが自分を貧乏と思うかもしれない」という不安を払拭しようとする。

先払いの法則を徹底的に教え、「出す」ことから豊かさの循環をはじめさせなければならない。

「〝お金は汚い〟思い込み人間」の教育法

人間の世界にあるお金は、人間が、豊かさのエネルギーを可視化したくてつくった、ただの紙だ。ひらめいた瞬間、すべてがかなってしまう宇宙に、お金は必要ない。

そこに価値を与えているのは、人間の魂であり、宇宙だ。

お金とは、ただの紙切れに、人が発信した愛と感謝のエネルギーを載せ、人間の間をぐるぐる回っているもの。

お金をもらったときに罪悪感を感じるという人間が意外に多いが、「お金をもらって申し訳ない」という気持ちを持つことで、せっかく手元にとどけられた愛と感謝のエネルギーの受け取り拒否をしてしまう。

そしてお金を使う際に罪悪感を抱くと、今度はそこに罪悪感のエネルギーを載せてしまう。お金は豊かさが形になったものだから、負のエネルギーが乗ると循環せず、戻ってもこない。

お金に載っている愛と感謝のエネルギーを受け取り、お金を使うときこそ「ありがとう」を唱え、さらに循環させるべし。

「豊かになってはいけない人間」の教育法

特にお金は、豊かさの循環だ。誰かを気にして受け取るのを控えたり、やめたりすることで、流れは滞ってしまう。

多くの人間は「自分がお金を受け取ると、自分だけ幸せになってしまう」と感じるが、これは、大きな間違いだ。

一人の人間が、お金を得ることによって起きるのは、豊かさの循環なのだから、家族の中で誰かが貧乏ぐせから抜け出せば、豊かさの循環がはじまる。

つまり、「お金を得ないこと」よりも「お金を得ること」のほうが、自分も親も結局は幸せになることになる。

それを忘れて、「ああ、うちにはお金がなくて大変。お母さんかわいそう」と、勝手に親を不憫《ふびん》に思い、「あんなに大変そうだから、私が豊かになるのは申し訳ない」と決意してしまったなら、改めて、別の決意をさせる必要がある。

まず「お金を受け取り幸せになる」という覚悟をさせること。

そして、本人がお金を受け取れるようになれば、周囲の人間は不幸になるどころか、幸せになるのだということを教えること。尊敬と、信頼と、尊重が必要だと教える必要がある。

先払いの法則ってこういうこと

「お金がほしいなら、お金を払う」
「お金持ちである自分を先取りする」

これも、僕が自分の経験からお伝えしていることなのですが、これ、実際にやってみるとなかなかむずかしいという人も多いようなんです。

お金がどんどん入ってくるようになるには、ふたつの要素が必要みたいです。

ひとつは、お金を「喜びのために使う」ことと「使うために『自ら』稼ぐ」こと。

この、両方がセットで必要なのですね。

もちろん「(自他共に)喜びのために使う」ことで、宇宙の「お金の流れ」が生まれるのですが、それが当たり前のように流れていく前段階として、宇宙は「自ら責任を持って稼ごうという姿勢」があるかどうかを見ています。

たとえばこんな感じ。

「あ～この場面でお金使いたいな～」
「この人のためにお金使いたいな～」
「でも使ったらなくなっちゃうかな～」
「その後お金が入ってこなくて苦労したらイヤだなぁ～～」

と心配しているのだとしたら、自分に対して、自分が、

「大丈夫だよ！
いざとなったら私が責任を持って稼ぐから安心して!!
もし、お金で苦労することがあっても、
私が絶対に何とかしてあげるから！
私に任せて！　だいたい、お金がないくらいで死にはしないよ!!
大丈夫だよ！」

そう言ってあげられるかどうか、にかかっていると言えます。

それを自分にハッキリと言ってあげられるということは、自分の宇宙を100%信用できているということ。この状態になってはじめて、宇宙は本来の無限の力を制限なく発揮することができるんだと思うのです。

ちなみに宇宙へのオーダーで「戻ってくるかな」は「戻ってこなかったらイヤだな〜」。このオーダー、宇宙がどう実現するかというと「戻ってこなかった。イヤだな〜」だからな。もうわかってるよな?

だからこそ「戻ってこなくてもいいや、いい使い方したな」と思えるほど、稼ぐ覚悟をすることが大事ですね。戻ってきてもこなくても、その責任は自分が取れると思えるほどに、信頼できる自分になれたらいいってわけですね。

ちなみに、コイケも2000万円の借金まみれの時代に、お金を払うのが不安でしかたないときがありました。でも、「10年で借金2000万円を返して幸せになっ

た！」とオーダーしていたので、常に、常に、目を皿のようにして、そのヒントを探していました。


「他にお金が入ってくる道はないかな？」

「お金をつくり出すために空いてる時間でやれることは他にないかな？」

「お金の蛇口は何本あってもいい、やれることがあるなら何でもやります！」

「だから宇宙さん！　教えてください！！！」


いつもいつも宇宙さんに質問をして、降りてきたヒントは必ず実行する。

その積み重ねの結果、わかってきたのは、

「払っても、絶対に必要なお金は入ってきて間に合うんだ」

「払うと、その何倍も入ってくるから大丈夫なんだ」

ということでした。日々の繰り返しで、「肌身で実感」という言い方がぴったりかもしれません。

オーダーしてヒントを得て実行するという積み重ねが、宇宙への絶対的な信頼につながっていったということだと思います。
これを難しいと感じるとしたら「最初だけ」です。

最初に何かを始めるってのは、人間にとってはとてつもなく恐ろしいことみたいだからな。行動の星で、そりゃねえぞって宇宙的には思うがな。

これもまた、人間の危機回避能力ってことですよね。

ただのビビりぐせとも言うけどな。

自分を「信頼」して、今の自分から「一歩踏み出す」と、宇宙は大喜びしながらものすごく応援してくれます。本当です。

クレジット払いも「豊かさの先取り」

最近、よくご質問いただくのが、

「先払いの法則は、現金支払いじゃないとダメなの？」

というものです。

そう、ほしいものを得るためのクレジットカードでの分割の支払い。

いいですねー、うらやましいですねー。

なんたって、コイケ、いまだにクレジットカードの審査が通らなくって、何でもキャッシュでしかお買い物できないんです。

「早く人間になりたーーい」じゃなくて、「カードで」と言える生活をしてみたーい。

というのは置いておいて……、

「クレジットカード払い」は、先払いなのか、ただの借金や浪費なのか、ということなのですが、結論を言えば、これも立派な先払いです。

お金、カードは、ただの紙とプラスチックだからな。

そこにどんなエネルギーを載せて、世に発信するか、が重要だ。

ただし！

クレジットカードには、感謝と罪悪感、両方が載りやすいからな。

「カードを使ってしまった」

「分割で払えるかな」

「あああ、キャッシングしてしまった」なんて思いながら使うと
コイケ街道まっしぐらだぜ。

ちょっと、コイケ街道って……。

大切なのはクレジットカードなのかどうか、というよりも、「それをほしいと思う動機」のほう。
たとえばそれが「子どものころからほしかった車」だった場合に、買った後に自分がどうなるのか？　どうなりたいのか？

クレジットであろうと現金であろうと、車を手にすることで「この車に見合う自分でいる」という意気込み、決意があることが大切なのではないでしょうか。

その出費は、
「未来の自分に対する投資」であり、
「その後の人生を輝かせてくれるために使うお金」なのか。
それとも、何かの
「欠乏感を満たすために使うお金」であり、
「それだけやっても自分はダメだと証明するためのお金」なのか。

そう考えると、好きなブランド品を買うことも、投資なのか無駄づかいなのかが人によって分かれそうです。
洋服でも身につける小物でも同じで、それによって、自分のエネルギーが上がるのかどうか。それによってキラキラと自分が輝くのかどうか。それをわかっていることが大事なのだと思います。

その視点で、一度、立ち止まって、これまでのお金の使い方を確認してみるのもよいかもしれません。

クレジットで使ってきたお金
「本当はイヤなんだけどカードでしのいだ」であれば、カードのお金の支払いの際に感じるのは虚無感、嫌悪感、罪悪感だ。
そして「あ〜嫌だな〜払いたくないな〜」という思いで支払っているのであれば、
宇宙に何をオーダーしているのかというと
「お金ってイヤなものだ」ということ。
「ああ、イヤだな、お金払うのイヤだな」という状況が、延々と続くことになるからな。
あ、まさに、ちょっと前のコイケだな。

「それはギリギリの生活費なのでしかたがないのです」だったにしても、ここで意識の設定を変えることが大切だと思います。

「ああ、僕は、豊かさを先取りさせてもらったんだ」「だから屋根のある家でゆっくり眠ることができるんだ」って。

そして、現状はカードでしのいでいる状態であっても「必ずやその負のループから抜けるぞ！」と決めること。

そして、その決めたオーダーへたどりつくためなら、どんな行動も厭《いと》わない、と決め、実際に行動すること……僕はそうやって借金地獄からなんとか抜け出すことができました。

「支払い日までに必要なお金がそろいました」というオーダーをし、信じることはもちろん大切です。でも、それだけでは足りません。

オーダーし、信じ抜き、降りてくる「ヒント」や思い浮かんだ「やったほうがよいと思えること」、それらをすべて行動に移す。

「やった！　これで願いがかなったぞ！」と、嬉々《きき》としてやってみましょう。

くれぐれも、「クレジットでしか払えない自分」に落胆してはいけませんよ。

オーダーすること、

そして信じ抜いて行動すること、決してあきらめないこと。

人智を超えた大いなる存在が「よーし、そろそろ奇跡起こしてやるか」と、手を差し伸べるのは「思いつく限りの行動を取っている人」に対してだけ。

そして、思いつく限りの行動を取ることは、今すぐここで、そして自分ひとりでもできます。

「先払いの法則」は物を買うだけではない

実は、先払いの法則は「物を買うこと」に限った話ではないってご存じですか？

あなたが、あなたの人生のために行っている行動は、すべて「先払いの法則」です。

「勉強をするために図書館で時間を費やした」

「セミナーのためにお金を支払った」

というのも立派な先払いです。

そして、豊かさの循環は、必ずしも、お金で戻ってくるわけではありません。

「ランチをおごってもらった」

「買おうと思っていたテーブルをもらった」

これもまた、豊かさを受け取った状態。

僕も借金がまだたくさんあったときに、心理学をきちんと学ぶための先行投資をしました。借金もたんまり残っているのに数十万のお金をそこに払うのは、正直言うと不安でした。でも同時に「先払い」「先行投資」をしたことをもちろん宇宙は見ていて（わかっていて）くれているようにも感じました。

ですが、それをきちんとカタチにして、見合うお金を宇宙から引き出せるかどうか、それは、「豊かさを受け取る」と決められるかどうかにかかっています。

また、ときおり「ヒントかなこれ、と思いながらもできなかったら、もうかなわないの？」という質問を受けることがありますが、オーダーがブレていない限り、ヒントはまたやってきます。

そのためには、自分の「ヒントに対する気持ち」が前向きであることが大切です。

「豊かさを受け取るぞ。そのために、やれることを全部やろう、行動しよう！」

そう思えていれば、必要なヒントが、またやってきます。

宇宙（私の中の本当の本当の本当の私）が見ているのは、かなえるためなら何でもやるという「姿勢」だったりするのです。

そして、僕自身が実践して本当に効果のあった「先払いの法則」をひとつお伝えしますね。それは、

「願いがかなった未来の自分が、
どんな言動をしているのか？
お金のある自分は、
どんな豊かな生活をしているのか？
どんなお金の使い方をしているのか
さらに、その時の自分がどんな感情でいるのか」を
リアルに思い描くこと。

かなった先の自分を想像してみてください。
キラキラと輝いているでしょうか？
いつもニコニコしているでしょうか？
不平不満、グチを言わずイキイキといい表情をしているでしょうか？

……あれ、宇宙さん、どうしました？　浮き上がってる顔、こわいですよ？

おいおい、それってよお、
〝かなってから〟じゃないと
ニコニコできないのか？
〝かなってから〟じゃないと
イキイキできないのか？
グチを言わずにゆったり、
誰かに優しく……できないのか？

できます！　これ、できるんです！

ニコニコするだけなら、結果は関係なくできますよね。かなったら、ニコニコするというのより、よほど簡単にできてしまうのです。

先にニコニコしてしまうことは「先払い」ともいえます。そう、「先払いの法則」は絶対なので、

ニコニコしていたら、願いはかなっちゃうんです。

これは、鏡の中の自分を見つめて「ねえ、笑って、先に笑ってくれたら僕も笑うからさ」と言っているようなもの。先に笑ってしまえばいいんです。そうすれば、鏡の中の自分も勝手に笑顔になりますからね。

そして、何よりも、ニコニコする、も立派な行動なんです。今すぐ、そして毎日できること。こんな簡単な先払いで、願いがかなっちゃうんです。

そう、願いがかなった自分を先払い……つまり、その状態を先につくってしまうと、宇宙がそれについてきて、気づくとその願いがかなった状態になっているはずです。

本当の「先払いの法則」というのは、お金に限らず「願いをかなえた状態の私の言動や状態」を「先どり」してしまうということだからです。

コイケを借金地獄から生還させた3段階の意識変革

２０１４年の終わりに、僕は２０００万円の借金を完済しました。

９年の年月を要しましたが、今となっては、僕にこの本を書かせてくれている大切な大切な〝借金様〟とも言えます。

ま、オレ様が悪徳コンサルタントを差し向けたおかげで、無事、２０００万円もの借金ができて、ネタつくれたんだからな。
マジで、感謝しろよ、コイケ。

え！ 僕がひっかかったあの悪徳コンサルタントって……
仕掛けだったんですか？

おまえね、
「おかげさま」たちが、全部、
善人面して現れるって思ってるのか。
甘いんだよ。
宇宙はドSだっつってるだろ?

一般的に「消費者金融から300万借りたら人生終わり」なんて言われるみたいですが、当時の僕はそんなこと知らず、消費者金融から借りていたのは600万円。

コイケはなぜ、完済することができたのか。そこには僕なりの理由があります。

「借金地獄の日々がイヤだ」という否定を、「借金のない世界を見る！」という肯定に変え、「地球で幸せにならずに死んでたまるか！」と決意したから。

僕の経験からして、「今まさにお金が必要で！」というご相談は本当に多いのですが、振り返ってみると、「どうやったらすぐお金が入ってくるか」という目先のことよりも、この「3段階の意識の変化」こそが重要でした。

僕は一番多いときで、月に45万円の返済をしていました。洋服屋の家賃、自宅の家賃を払いながら、頑張って稼げば稼ぐだけ増えていく保険料や市民税とにらめっこする自営業者のつらい日々。でも、あるときふと、気づいたんです。

《あれ？　月に45万円返済しているんだったら、

もしかして、返済が終わったら、45万円毎月余るってこと？》

それに気づいたときの衝撃といったら……。そしてこう思いました。

45万円が毎月余るのを見たい！

それまでのコイケは、「借金地獄はもうイヤだ」「どうにかして」「助けてー」と、日々借金のある生活を否定しつづけていました。

でもこれ、もうおわかりかと思いますが、「借金地獄はイヤだ」が宇宙へのオーダーになって、延々と「借金地獄はイヤだ」という現実が現れることになるんです。

それを「45万円毎月余るのが見たい」と思ったことで「絶対45万円余るのを見る！」というオーダーをし直すことができました。せっかく行動の星に来ているのに「地球で幸せにならずに死ねるか」という強い決意だったのです。

レジでニコニコ「ありがとう」言えていますか？

借金を返済しながらも、幸せを感じることにお金を使い、先払いをしていくうちに、借金があることなんて気にならないくらいにお金が入ってくるようになりました。

結局、借金を返し終えてみると、月に45万円以上のお金が毎月余るようになり、今では日々、豊かさを実感しています。

そんななかで気づいたのは、「お金って、豊かさのエネルギーを積んだ紙なんだ」ということだったんです。さらに、人間はお金を通じて豊かさのエネルギーを交換しているのだ、ということにも気づきました。

そもそも、宇宙空間にはお金は存在しません。

それは、宇宙さんもよく言っていたことです。

だって、豊かさのエネルギーは宇宙空間に無限にあるから。

このエネルギーを、物質として感じ、触れられるのは、地球という、行動の星の上だからこそですものね。

人は、お金という物質に豊かさのエネルギーを載せて、誰かに渡し、そして誰かから渡されることで、その存在に触れ、豊かさを味わうことができます。

人間ども！
豊かさのエネルギーは、川の水と同じだ。
せき止めんじゃねーぞ！
せき止めるとエネルギーもにごり、腐るからな！

エネルギーは腐る？

お金も、愛も、すべて、時間と同じで川上から川下に流れていると思え。
それをせき止めたら、おまえのところで止まってしまう。
お金の受取許可はもちろん必要だが、
お金の手放し許可も必要なんだ。

手放し許可？ 宇宙さん、はじめて聞きましたよ！

受け取るときだけ喜んでもダメっていうことだ。手放すときも、それはもう、めちゃくちゃに喜んで手放せ！

手放すときは、受け取る人のことを考えて、その喜びをイメージして、喜んで手放すっていうことですね。

そうだ。それを宇宙は見ていて、さらにその喜びを増幅させて、大きな豊かさのエネルギーを与えてくれるからな。

十分に豊かさのエネルギーを受け取ったら、さらに豊かさのエネルギーを載せて、今度は「放出する」ことが大切ということですね。

放出したエネルギーは、身近な人間へと流れます。自分の宇宙全体を豊かさの流れに乗せることができるんです。そして、放出するときに笑顔と感謝と豊かさのエネルギーを乗せることが、先払いの法則そのもの。だからこそ、いただいたお金や豊かさは、嬉々として放出することが大切なのですね。

出しても入ってこないとき、何が起きているのか

「コイケさん！　先払いの法則をやっても、一向にお金が入ってきません」

お金に関するご質問は、毎日のように届きます。

状況は人それぞれですが、毎日「ありがとう」をつぶやき、嬉々として先払いをしても「どうしてもお金が入ってこない」というのは、豊さの循環がうまくいっていないということかもしれませんね。

ま、そういうヤツの多くは、お金のエネルギーを

受け取り拒否しているんだけどな。
しょうがないよな。拒否ってんだから　受け取れないよねえ。

いやいや、それじゃ元も子もないから、どうにかしたいじゃないですか。

まず見るべきは、「お金が入ってこない」という本人の「状況」だな。
たとえば「パートだから、入ってくるお金はたかが知れている」とか、
「スキルがないから新しい仕事を探しても入ってくるお金は限られる」
「職業的に基本給が安い」とか言ってるヤツがいるが、
その制限の根拠、どっから来てんのか、つー話。
フリーターでもニートでも、
とんでもない金額を稼いでいる人もいるだろ？

たとえば、アルバイトでも親から譲り受けた不動産収入があるとしたら、「フリー

ター《》はお金が入ってこない」は100％事実ではない。パートでも、少額で始めた副業の株で年収500万という人もいないわけではない。

もちろん「だって、私には不動産がないし」とか「株なんて怖くてできない」とか、言いたくなりますよね。でも見るべきは、「ゼロではない」ということ。

お金が入ってこないと思っている人の特徴に、単純に「お金持ちが近くにいない」ということもあります。

だいたい金のないヤツは、金のないヤツと群れている。まあ、自分の宇宙では、目に映るものすべて自分だから、自然と、目に映る者は自分と似た者になるから当たり前なんだがな。

そうか。じゃあ、お金のある人と一緒にいるのが、お金持ちになる近道……。

そうだ。お金のある人間のエネルギーに触れることだ。
そして、自分自身も、お金のある人間のエネルギーを
先に身にまとうことだな。

これってホントだな、と僕も実感したことが多々あります。僕がはじめてロレックスを買ったときのことをお話ししますね。

まだ本が出る前のこと、僕は宇宙の法則を伝える小規模な講座をちょこちょこと開催していた時期がありました（お客さんは少ないときだと4人くらい）。あるとき、そこで、

「今年じゅうにロレックスを買います！」

と宣言……しようとしたら、目の前に、ロレックスの時計をした受講生が目をキラキラさせてこっちを見ていたのです。

それで、僕は気づいたのです。

ロレックスを当たり前に身につけている人から見たら、

「え？　今年じゅうじゃなくて、今買えばいいじゃない」

というくらいのものなんじゃないかってことに。

それまで、ロレックスを身につけている人に出会う機会って、ヤミ金にお金を借りに行ったときの、ちょっと裏の世界の方くらいしか……モゴモゴ。

明るくロレックスを身につけている人に会う機会はなかったわけです。

で、どうしたかというと、すぐに買いました。ロレックス。そして「ロレックスを身につけている人間になる」という、新しい世界を見たわけです。

豊かな人の近くにいると良い理由

もし、今、あなたの周りに、理想の稼ぎ方をしている人がいないのであれば、稼いでいない人の中にいることで、ちょっと安心している節があるのかもしれません。

人もエネルギーも、同じレベルにあるものしか同じステージにいられませんし、出会えないのです。なぜなら、あなたの宇宙に登場する人物すべてが、あなた自身だからです。

結局は、人間同士も波長の合う者同士で引き合う。
だから、金がない者同士で慰め合う限り、
いつまでたっても、「金がない」ままだ。
とはいえ、そのうちのひとりがいざ
「オレは金持ちになる！」
と決めて、その「貧困サークル」から抜けようとしたとき、
出ていく気のないメンバーから強烈な引き戻しにあう。
これもまた、ドリームキラーの一種だ。

ああ、突然相手が「そんなに必死に頑張らなくても」
とか言いはじめるってよく聞きますね？

それもあるし、わけのわからないヤジを飛ばすことも多いな。
ヤジ飛ばすなら、オレ様のように堂々と、
〝コイケ、鼻水号泣、で・べ・そ！〟って言ってればいいのに。

それ、ただの悪口じゃないですか。

では、どうしたらお金が入ってくる人になれるのでしょうか？

先ほどの話を踏まえてお伝えするならば、最も近道は「お金が入ってきている人の近くにいる」ことでしょう。

エネルギーは移りますし、宇宙がそのエネルギーを増幅させていくので、お金が入ってくる人のそばにいると、お金が入ってくるエネルギーも移ります。

そして、お金が入ってきている人のマインド設定を学ぶのです。

(A)どんなことをしてもお金は入ってくる。

(B)どんなことをしても入ってくるお金は限られている。

どちらであっても、その強く信じていることが宇宙へのオーダーとなり、宇宙がそのエネルギーを増幅しているのです。

心の底から信じていることは現実になります。それが宇宙のしくみです。

もしも、（B）の「どんなことをしても入ってくるお金は限られている」ということを信じているのだとしたら、当然、お金を手にするための行動量も減ります。

それはなぜかというと、「夢をかなえるために稼ぎたい」と自分は思っているつもりでも、「私の中の本当の本当の本当の私」は、

「だってそのために何もやってないじゃん！」

「何もしていないのに『限られてる！』とか言ってしまってるじゃないか！」

ということを知っているから。


また、宇宙が与えてくれるお金の流れや金運は、現金の流れだけではありません。

ありとあらゆる形で与えてくれているようです。

たとえば、本来100万円でしか買えないものが50万円で買えたら、宇宙は50万円の臨時収入をくれたことになります。

また、もしもあなたが突然不治の病で余命1日と言われたとして、お金を出せば生き延びられるとしたら、いくら払いますか？　それがたとえば2000万（あ、それ

は僕の借金でした）だとしたら、病気もなく健康なあなたは2000万円をすでにいただいていることになります。

そう、日々の中で、すでに豊かさのエネルギーは注がれているということなのかもしれませんね。

お金が入ってこない人、入ってきても浪費して残らない人

「お金が入ってこない」と嘆いている人の中には、親との関係を引きずっている人もいます。どういう場合かというと、

「お金を稼ぐのは大変なことだ」

「お金を持つとトラブルになる」

というような、幼少期に親から聞いた言葉や、親のお金にまつわる苦労話から、「お金への嫌悪感」を抱いているケースです。

「使うたびに、胸がざわざわして、罪悪感が湧いてきます」という場合、先払いの法

則をすればするほど、より罪悪感を強めてしまうこともあるようです。

そこにあるのは、幼少期にお金に苦労した親を見て学んだ「親がこんなにお金で苦労しているのに、自分が豊かになって、自由にお金を使うなんて」という思いです。

それが、そのままお金への価値観となって、お金を使おうとするたびに「こんな無駄づかいをするなんて申し訳ない」と感じてしまうわけですね。

この場合は、豊かさを得るという宇宙へのオーダーも、通りにくくなり、お金を得るための行動もしぼんでしまいがち。

根底にある思いが、

「お金を稼ぐのは大変なことだ」

「お金を持つとトラブルになる」

なのですから、自然なことですよね。

一方で「お金は入ってくるのに浪費してしまう」という人もいます。

「お金はそこそこいただいているのだけど、貯金することができず、どうしても使い尽くしてしまう」

このような場合は、お金を稼ぐこと自体には許可が出せているのですが、お金によって自分が豊かになることへの許可は出せていないということになります。

たとえば幼少期に、親がお金で苦労しているのを見ていて「いつか私がお金を稼いで、そのお金で救ってあげるからね」と誓ったパターンなどです。

こういう場合には、大人になってから直接親を金銭的にサポートする必要がなかったとしても、お金が入ってくれば入ってくるほど、自分の手元に置いておくことに違和感や居心地の悪さを感じるようになることがあります。

そして、手元にお金があると、なぜだか大きな浪費をして、手元からお金がすり抜けるかのようになくなっていく。

そこにある思いというのは、「私が稼いだお金で、お母さんを助けてあげるからね」という子どものころからの愛だったりします。

この場合は、仕事もそこそこ稼げる職種についていたり、実際にお金を稼いでいたりします。そして、「なぜ手元にお金がないいんだろう」と自分でも不思議に思うわけですね。

これらは全部無意識なんです。
意識のもっと奥のほうにある、潜在意識に刻まれた「お金の使い方」「お金の価値観」だったりします。

この状態に陥ってしまっている人が、どうしたら豊かさのエネルギーを得ることができるようになるのかというと、まずは、お父さん、お母さんとお金の関係を見つめ、そこからあなたが、どのような価値観をもらい、どう使っているのかに気づくことです。
そして、ここでぜひ、こう決意してみてください。

「私は、親よりも幸せになっていい。
親よりも簡単にお金を得て、
豊かになってもいい」

しかし、人間は親に敏感すぎるぜ。

愛がベースだったにせよ、
親よりも絶対稼いでやる、も、
親よりは稼がないようにする、も、
自分のオーダーではなく、他人をベースにしたオーダー。
自分の中の本当の本当の自分からのオーダーではないからな。

僕たち人間のほとんどは、大人になる過程で、お金も豊かさも受け取り下手になっているんです。

でも大丈夫。僕がそうだったように、巻き返しはできますからね！

受け取り許可、自分に出してあげてくださいね。

「人間関係のカラクリ」の巻

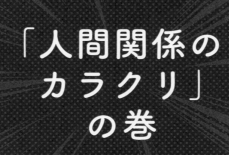

其の六　こじらせ人間には愛を伝えよ

「フリーこじらせ人間」の教育法

恋人がほしい、結婚したいなど、出会いを欲するのは人間世界の常だ。

結婚を決意するなら、縁をつないでくれる「宇宙仲人ネットワークの縁ちゃん」を呼ぶこと。ただし、「いつまでに結婚します」という明確な宣言をしない限り、縁ちゃんは現れない。真剣に、明確な宣言をさせることが重要だ。

また、人間はいつもつるむのを好むが、独身同士で集まり、こじらせ女子（男子）の会を結成して「私（オレ）たち、男（女）

なんかいなくっても楽しいよね〜」とごまかすのをやめさせなくてはならない。

昨今の30代40代で、結婚はせずしっかり自立し、輝いている人間は多い。ひと昔前のように、結婚や出産が当たり前とはいえなくなくなった今の社会で、自己実現し、自分で人生を切り開いている。

その場合、気をつけなくてはならないのが、仕事をバリバリやって一人で生きていくことを本当に望んでいるのかどうか、ということだ。望んでいるならもちろん、宇宙はそれを最大限に応援すべし。

しかし、本当は家族を持ち、子どもを持ちたいという願いがあるにもかかわらず、若い頃の恋愛ですっかり女性としての自信を失くしてしまっていたり、傷ついて次の恋愛がなかなかできなくなってしまっていたり、キャリアを積みすぎて周囲の男を見下げてしまうというように、「こじらせて」しまっている場合もある。

一方で男性にも変化が起こっている。

特に日本では、長らく続いていた終身雇用制が崩壊し、初任給も昇給も、ボーナスも大して望めず、結婚そのものをあきらめていたり、独身が気ままでよいと思っている男性も多い。

恋愛にも消極的となり、結果的に、本来、女性を喜ばせることで、成長していくという経過はたどれなくなっている。

結果的に、男も女も互いの魅力を引き出せず、「いい男なんてどこにもいない」と嘆く女、「一生結婚できないかも」と嘆く男、という図式が出来上がっている。

男は「自分には女性を幸せにできる力がある」と思い出させよ。望めば望むだけ、稼ぐ力も、家族を守る力も、女を笑顔にする力も、すべて取り戻せると教えよ。

女は「女性として愛される価値がある」と思い出させ、幸せになることを潜在意識に再入力する必要がある。

「高望み人間」の教育法

女が男の、学歴や身長、年収など、高望みすること自体には問題はないが、それに見合うエネルギーを身につけさせない限り、そんな相手とは結ばれないと教えよ。

男の場合は、若さやスタイルにつられて相手を選ぶと、自分のエネルギーをバンパイアウーマンのように吸われる可能性があると心得させよ。

とはいえ、ある種の高望みは宇宙は大歓迎だ。自分が本当に望む相手をオーダーすることだ。

これは、「学歴、身長、収入、容姿、スタイル」などのいわゆる「世間から見た勝ち組の基準」ではない。

その相手といることによって、どう満たされたいのか、パートナーがいることによって、どんな生き方をしたいのか、という、自分目線の理想のオーダーだ。

そこを勘違いすると、白馬の王子様待ち、2Dの彼女最高、という最悪の罠《わな》に引っかかる。ここにオーダーのカラクリがあることをしっかりと認識せよ。

「依存人間」の教育法

男女の関係をうまくいかなくさせるもののひとつに、生育歴の中での愛情不足というのが挙げられる。

これは、「もっと愛されたかったのに」という思いを抱えたまま大人になった男女が、その思いを、恋人や夫、妻で満たそうとする行為だ。

そうすると、恋愛が本来の恋愛ではなくなり、まるで、2歳児が「ママ〜」と、母親の後追いをするような関係になってしまう。これは、追われるほうとしては逃げたくなるし、徐々に相手を大人の男性、女性として見られなくなっていく。

宇宙のしくみとして、そこにあるエネルギーを増幅させる力があるため、「もっと愛されたかったのに」というオーダーがかないつづけてしまう。

解決するには、自分の中に、「親のような存在」を持つこと。

過去の「愛されなかった」を誰かに解消してもらおうとしがみつくのではなく、自分が理想の親になって、「あのころこうしてほしかった」という思いをかなえてやることだ。

「もっと抱きしめてほしかった」なら、自分自身を毎日抱きしめて「もう大丈夫。愛してるよ」と伝えつづけること。

愛されたい願望や、自分の心の穴は自分で埋められると教えよ。

「いい男いないよね」という最悪オーダー

「コイケさん、素敵な独身女性はたくさんいるのに、素敵な独身男性はなんでこんなに少ないんでしょうか！」

と言われれば、確かに30、40代で仕事もバリバリやって、容姿も美しく、性格もいい……のにパートナーがいない女性は多いようにも感じます。


いい女が多いのは認めるぜ！

しかしよ、男との出会いを真剣に探すわけでなく、女たちで寄り集まって、

「いい男なんて、いないわね〜」

なんて、最悪なオーダーしまくってやがる。

〝縁ちゃん〟を呼ぶ以前の問題だろ？　これは。

確かに……「いい男なんていない」って言ってたら、それがそのままオーダーになるってことですよね。

人は、自分の居場所や、出会う人のエネルギーにとても影響を受けます。

もし、本気で結婚したい、パートナーに出会いたいと思うのなら、

「私たち、結構美人なのに、なんで出会いがないのかしらねー」

「いい男っていないわよねえ」

と言いながら酒を酌み交わすのではなく、

「私の夫、すごく素敵で、すごく幸せ！」

「妻と一緒にいると、エネルギーが湧いてくるし、世界で一番幸せにしてやる！　っていう気持ちが湧いてくるんだ」

というように、パートナーとの間での、愛と豊かさのエネルギーを交換しつづけている人と一緒にいたいところですよね。

地球上では、個々のエネルギーの強さや性質に合わせて、磁石のように寄り合うと

いう性質があるようなのです。ですから、傷つかない幸せな恋愛をして、結婚したいと望むのなら、今すぐ独身こじらせ女子の会から、脱退し、「幸せ結婚女子の会」に入会する時期なのかもしれませんよ。

もちろん、独身女子の人たちとの縁を切るという意味ではありません。特定のエネルギーに浸かるのをやめ、幸せな結婚をしている人のエネルギーに触れ、そのエネルギーを身にまとうのです。

そうすれば、「あれ？　結婚できそうな素敵な男性、いるじゃない」と、今まで一切あなたの目には映っていなかった男性が目に入るようになるはずです。

自分の宇宙史上〝最高に美しい自分〟になれ

「容姿にコンプレックスがあって、恋愛に積極的になれない」

これもまた、よく聞くお悩みです。『マンガでわかる！　借金２０００万円を抱えた僕にドSの宇宙さんが教えてくれた超うまくいく口ぐせ』の中で、主人公の「ヒロミちゃん」もそんな話をしていましたよね。

いやいやいや、何言ってやがる！

「容姿にコンプレックスがあるから自信が持てない」

なんて、幻想であり、逃げだ。

「いや、でも、客観的に見てそうだし」「周りがそう言うし！」とか。

「親からずっとおまえはかわいらしくないと言われて育ったし」

なんてのも、宇宙にとってはへでもない。

だいたい、人間の容姿のよし悪しなんざ、時代によって
めちゃくちゃ左右されるし、国によっても全然違うじゃねーか。

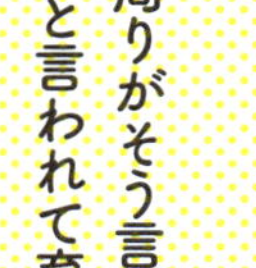

確かに、時代によって、美人の定義って違いますよね。

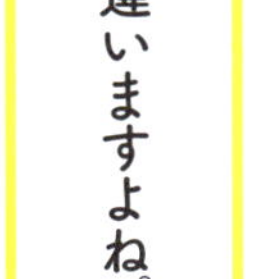

日本じゃ、スリムな女性のほうが美しいと思われがちだが、
ある国では女性は太っていれば太っているほど、魅力的だ。
見てくれのよし悪しを、誰かの基準で決めさせてんじゃねえ。
自分で決めやがれ。

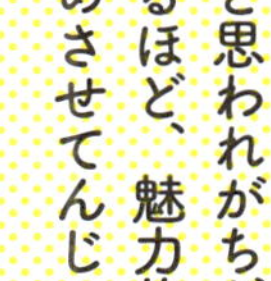

本当に問題なのは、自分で自分のことを「容姿が悪い」と決めて、その色メガネをかけて、世間を見ていることなのではないでしょうか。

宇宙の真理では、あなたは美しくないからダメ、なんて基準は1ミリもありません。1ミリもですよ。

さらに「こういう容姿だから美しい」なんていうジャッジも、宇宙には一切存在しないのですから。

あなたの宇宙の中で、
あなたの美しさを決めるられのは、
あなただけ。

男性とつきあっても貢いだりするのは、「私は貢いでやっとつきあってもらえる程度の人だ」と自分を低く扱っているからです。

だから、自分がどう自分のことを見て、扱っているか、そちらのほうがずっと問題です。

でもね、そう言うと「だから、容姿にコンプレックスがあるから自分を低く扱ってしまうんです」と言う人もいますよ。

何を言ってやがる。それはまったく理由にはならないんだよ。

自信が持てないのは、自分が、本気で自分を応援していないからだ。

本当に自分を応援してほしいのは、世界中どこを探しても「他ならぬ自分自身」だ。

誰が何と言おうと、他の誰かが自分のコンプレックスを刺激してこようと、そんなのを受け入れてはならん。

それらを受けいれるということは、「自分のことを自分もそう思ってる」「自分が一番、自分を見下げている」ということだ。

地球上にいる人間（魂）は全部、本来完全無欠の素晴らしいものだって、前にも教えたろ？

親の基準が宇宙の基準ではありません。
世間の基準も宇宙の基準ではありません。

だから、左右される必要なんて、ありません。
その基準を「私は受け入れません」と決めればよいと思うんです。
そして周りをよくよく見てください。
みんなが容姿で判断されているでしょうか？
素敵な人は皆、容姿端麗でしょうか？
本当に魂レベルの高い人は、単純に容姿だけでは判断しないと思います。
……でも！

「いかに自分に手をかけているか」
「いかに自分を大切に扱っているか」
「自分の宇宙史上、一番美しい自分でいようとしているか」

それは、宇宙からしっかりと見られています。というか、あなたの宇宙にあるものはすべてあなたそのものですから、当然、パートナー候補にも伝わっています。もう一瞬で！　無意識に！

自分を大切に扱っていないと、パートナー候補にも「きっと自分も大切に扱ってもらえないだろう」と伝わってしまうのです。

実際、自分を大切に扱っていない人は相手から大切に扱われないし、相手のことも大切に扱えません。

なぜなら、一番大切な自分を大切に扱えないのに、他人を大切に扱うなんて、人はできないからです。

では、どうしたらいいのかというと、まずは自分の好きなものに囲まれてください。

「私がもっとかわいく見える方法は、どんなだろう？」と一生懸命に考えてあげてください。

そして自分の知らない美しい自分を、自分に見せてあげてくださいね！

お金も時間も、本気で自分に使い、自分の宇宙史上最高の自分に出会ってくださいね。

自分を大切に扱っている女性のもとには、その女性を姫として扱う男性が必ず現れます。

忘れられない彼との復縁オーダーが9割かなわない理由

片思いで悩んでいたり、別れてしまった相手に対して、

「『○○くんと結婚したい』という特定の相手でのオーダーは通りますか？」

という質問、これもよくあります。

ただ、このオーダーをして、「宇宙仲人ネットワークの縁ちゃん」に縁つなぎを頼んだら、きっと、縁ちゃんは困ってしまうかもしれません。

困るに決まってんだろ。
そいつじゃ、オーダーした
『幸せな結婚』がかなわないから、
別れさせてんのによ。
復縁なんて望まれた日にゃあ……

オーダーキャンセルになってしまう？

キャンセルどころか、縁ちゃん大混乱だぜ。
幸せになりたいのか、不幸でもいいからその男といたいのか、
どっちがそいつのオーダーかわからなくなるだろうが。

そう、宇宙はそうやっていつもドラマティックに、オーダーをかなえるんでしたよね。だから、もしかしたら、運命の復縁、ってのもなきにしもあらずですが、問題は「彼と結婚できない限り、私は幸せになれない」と思っていると、それすらありえなくなる、ってことなのです。

「そのピンポイントすぎる条件さえ外してくれたらものすごく簡単にかなうのにな〜」と、縁ちゃんは言うかもしれませんね。

もし、どうしても彼じゃないとイヤだ、と思っている人がいるとしたら、質問です。

あなたの目の前に2000本くらいの蛇口が並んでいます。

たまたま「右から5番目」の蛇口から出る水がおいしかったから、ずっとその蛇口の水を飲みつづけたいけど、その蛇口が壊れちゃって水が出ない……となった場合、どうしますか？

しかも、他の蛇口からも水はジャンジャン出ているのを見て、もしかしたら、どれかはおいしいかもしれない……という場合。

「おいしい水を飲みたい」けど、

「壊れた5番目の蛇口からじゃなくっちゃイヤ」

これが、相手を定めた結婚のオーダーです。

もちろん、他の水を飲んでいたら、また5番目の水が出はじめるってことがないわけではありませんが、オーダーはあくまでも「おいしい水」であることが大切です。


さてさて、ここで改めて質問です。

「大好きな人と笑顔で楽しく人生送る」ことと、

「特定の彼と結婚する」こと、
この、どちらが本当のオーダーでしょうか？

潜在意識（私の中の本当の本当の本当の私）が最優先にかなえたいのはどちらですか？

潜在意識が「笑顔で楽しく人生送る」ことのほうが最重要案件なのだとしたら、宇宙はそのオーダーについて「（その）彼との結婚ではなく別の相手のほうがいい」と判断することもあります。

もちろん、その彼と結婚できる可能性がないわけではありません。それは、状況によりけりです。

ただ、大切なのは「笑顔で楽しく人生送る」ために、その特定の「彼との結婚」以外は絶対にありえない、ということはないということをぜひ知っておいてほしいと思います。

さらに、もし、その彼以上に、

「見た目も好み１２０％」

「会話も趣味もめちゃめちゃ合う」

「年収だって過去最高の収入、高給取り」

「今まで体験したことがないほどに、優しく丁寧に大切に大事に接してくれる」

そんな新しい男性が現れることもあるのだということです。

あ、「だってそんな人絶対に現れないでしょ？」は禁句ですからね〜。


「そんな素敵な人が現れない」なんていう言葉は、自分で自分を「価値のない人」と宣言しているのと同じだ！

「特定の彼」との結婚を宇宙頼みで切望する前に、
「自分を価値のある人」にしてやるのが先だろうが！
こじれてんのに、さらにふてくされてちゃなんにもはじまんねーんだよ！
自分で自分の人生に責任を持て！
自分で自分を絶対に幸せにしろ！
話はそれからだ！

その決意と責任を持てたら、たとえひとりでいても、いつでも幸せな人になれます。
そして、自分の人生に信頼と責任を持てたら、人生を「さらに盛り上げてくれるさいっつこーの相手」が現れますよ。

極端な言い方をあえてすると、

「誰もいなくても、自分ひとりでいても
すごく幸せな人」が、
「それ（人生）をさらに増長させる幸せな人」
を引き寄せる

ということ。

それは、「心の底からあなたと一緒にいたい！」という相手で、
あなたを宝物のように大切にしてくれる相手。

そして、その人を人生の伴侶として選ぶのかどうかは、あなた次第です。

「これを逃したら次はない」なんて、自分の価値をどうか下げないであげてくださいね。パートナーとして、相手を選ぶ、ということをしてくださいね。


大切なのは、「選ばれる側」でもあれば「選ぶ側」でもあるのだということなんです。

失恋してつらい、かなわぬ恋をどうにかして思う結果に導きたい、と思うとき、

「その人に選ばれる」ことに必死になってしまいがち。

でも大切なのは、まず「自分が、自分自身を選ぶ」こと。

あなたがあなたに心底「惚《ほ》れる」のが先、とも言えるかもしれませんね。

思わず自分自身が惚れてしまうような、自分になること。

そのために、惜しみない時間と労力とお金を使って、自分を大切にする。

素敵な出会いがほしいなら、まずはそれが、何よりの「近道」です。
もちろん「笑顔で楽しく人生送る」ための、ですよ。

「想像できる幸せ」なら すでに事実として宇宙にある

最近は、「婚活に疲れた」という婚活難民が増えているそうです。

「理想の相手などいない」というオーダーのもとに行動しているから、ある種、オーダーはかなっているとも言える。

そうだとすると、それはかなりしんどい話ですよね。

まず大切なことをひとつ明確にしておきたいのですが、どんなに疲れ果てていたとしても、あなたにはパートナーが現れます。ちょっと想像してみてください。

パートナーと手をつないで幸せそうに歩いているあなたの姿を。

想像できましたか？

想像できたのであれば、すでに事実として宇宙には存在しています。

「でも別れたし」とか、「また、うまくいかなかったし」

というのはま――――ったく関係ないのでつぶやかないで！　コイケのおねがい！

想像できるということは、事実としてもう宇宙にはあるということを知ってくださいね。事実としてですよ！

ということは……これからもいくらでもパートナーはできるのです。

希望的観測でも何でもなく、これは事実です。

そして、そのパートナーはすでにこの世にいます。さすがに、まだ生まれていない、なんてことは、ないとはいえませんが、ほとんどないはず。

それでも、「私にはパートナーなんてできない」と思ってしまうのであれば、

「私は男性から大切にしてもらってもよい」

という許可を、自分に与えられていないのかもしれませんね。

あなたが女性であれば、生まれてから今までの人生の中で、

「男性からは大切にしてほしくない」

「男性から大切にされてもよい存在ではない」

「男性が私を大切に扱うはずがない」

という思い込みができる何かのキッカケがあったのかもしれません。

あなたが男性であれば、

「僕は女性を幸せにできる力がない」

「僕は女性から愛されない」

「女性が僕のことを大切に扱うはずがない」

という思い込みができてしまうキッカケがあったのかもしれません。


多くの場合、恋愛がうまくいかない理由は、相手に父親や母親を求め、幼少期に得られなかった愛を受け取ろうとして、相手自身を見ていない可能性があります。

そうすると、オーダーは宇宙に届きにくくなります。

ここで、その思い込みを外す簡単なワークがあります。


まずはリラックスして座り、呼吸を整え、目を閉じてください。

あなたが女性であれば、目の前にお父さんがいることをイメージしてこうつぶやいてみてくださいね。

「お父さん、私はあなたの子どもとしてあなたのことが大好きです」

そうつぶやいたときに、心の中で何か湧いてくるものがありますか？　感情の変化を感じるでしょうか？

あなたが男性であれば、目の前にお母さんがいることをイメージしてこうつぶやいてみてくださいね。

心に浮かんだものを、しばらく大切にしてみてほしいのです。


「宇宙で一番に私を愛してほしい。

大切に扱ってほしい。

お父さんが私を大切に扱ってくれなかったのに
他の男性が私を大切に扱うはずがない」
子どもは100％の愛でお父さんやお母さんを愛しているがゆえに、
潜在意識の中で、
「私を大切に扱っていいのは『お父さん（という男性）』だけで、
そのお父さんが私を大切に扱う前に、
他のいかなる男性にも私を大切に扱うことはゆるしません」
と、お父さんの席を、お父さんが愛してくれるまで空けているのかもしれません。
または、
「僕はお母さんを笑顔にできなかったから、
お母さんを笑顔にするまでは、
他のいかなる女性のことも、笑顔にすることはできない」
と、お母さんの席を、お母さんが幸せになってくれるまで空けているのかもしれません。
「お父さんの人生、お父さん自身」を尊重してみてください。

「お母さんの人生、お母さん自身」を尊重してみてください。

そして、目の前にお父さん（お母さん）がいるところをイメージし、最敬礼して、尊敬の意を表します。

それから、心の中で、こうつぶやいてみてください。


「私は愛を感じられる存在です」

「私は大切にされる存在です」

「お父さん（お母さん）からの愛は十分にいただきました」

「お父さん（お母さん）は私にとって１００％ぴったりな親です」

「私は子どもとしてお父さん（お母さん）の人生を尊重します」

「お父さん（お母さん）から私は子どもとして１００％の愛を十分いただきました」

「いただいた愛は、私が責任を持って与える側になります」


あなたの中に、すでにある愛の存在に気づくと、何かが変わるかもしれません。

其の七　相手は決して変えられないと教えよ

「あの人が変わりさえすれば人間」の教育法

相手を変えようと必死になっている人間は、相手が合わせ鏡のように自分の心を映し出しているとはよもや思わない。

だが、その人間の宇宙の登場人物は、ぜんぶ本人なのだから、相手のことがイヤでイヤでしかたがない、なんていう場合、「自分のことがイヤだ」と思っていたりする。

宇宙は、シンプルだ。

パートナーは、お互いを尊敬し合ってこそ、豊かさのエネルギーを交換しながら、共にオーダー力を高めていけるのだが、

厄介なことに、男と女は、人間が思っている以上に、別の生き物だ。そりゃあもう驚くほどに、見事にすれ違う。

たとえば、男は女から頼られたい、問題を解決したい生き物だが、女は、ただ「うんうん」と聞いてほしいだけで、問題を解決したいわけではない。多くの場合男は公平で正しいものを好み、女はただ受け入れてほしいだけだったりする。

そんな男女だから、もちろん人間にもよるが、コミュニケーションの仕方が真逆をいくこともたびたびある。

言葉が通じない別の国の人だと思ってコミュニケーションをとることを教えよ。そして、お互いに、自分の価値観で期待するのではなく、「この人はどう伝えたら、伝わるのだろう。男（女）という文化はどのようなものだろう」と、まったく別の生き物だと思いながら観察し、適度な距離を保つことを徹底せよ。

「幸せにしてね人間」の教育法

人間の、パートナーシップの崩壊は「相手が○○してくれない」という不満から始まることが多い。男女で、してほしいことがまるで違う以上、その性質を理解しない限り、もめるのは必至だ。

大切なのは、「相手に幸せにしてもらおう」という期待を捨てることだ。

自分を幸せにできるのは、自分しかいないということを、受け入れ、先に自分で自分を幸せにすること。

そうすれば、相手は、「幸せにしてよ!」という過度なプレッシャーを感じることなく、リラックスして愛することができるようになるのだが、人間はどうしても相手に幸せを委ねたい生き物のようだから、ここは気合を入れて矯正すべき。

そもそも、男女は別の生き物のように違う心のしくみを持っているのだから、同じように感じてほしいと願うこと自体が大いなる間違いだ。

もちろん、相互作用で、お互い、もっと幸せを感じることは可能。

伴侶と一緒に宇宙に願いをオーダーすれば、お互いの宇宙が反応し合って、すごい奇跡が次々に起きるのだが、それを知らない夫婦やパートナーは多い。

さえない相手と結婚しても、自分のエネルギーが高ければ、相手はそれに合わせて輝きはじめる。だから「既婚者が素敵に見える」というのは、実は、パートナーが素敵だからでもある。

つまり、相手がどのような相手だろうと、自分のエネルギー次第で、輝かせることができるということだ。

男は女が喜ぶことをやって、「ありがとう」と言われていれば、それで幸せだ。

女はこの性質をうまく生かし、男に活躍の機会を与えるべし。間違っても、やってくれていないことを嫌味を混ぜながら、突っつくようなことをさせてはいけない。男にとって大切なのは、女からの信頼感である。

あなたが変われば相手が変わる

「夫が変わってくれさえすれば」
「妻がもっと認めてくれさえすれば」

そういった「相手に変わってほしい」という相談はよくあります。

おいおい、それを言った時点で、「おまえはそのままではダメだ」って伴侶に言い放っているのとまったく同じだぞ！　さらに「変わらない」「認めてくれない」というオーダーまでしてやがる。

あああああ、耳が痛い。

「くれないオーダー」は、おまえの得意技だったからな。
XJAPANに失礼だぜ。

え、まさか「紅（くれない）」のこと!?
なんでX JAPANなんて知ってるんですか！

夫が変わってくれますように、妻がもっと優しくなりますように、と思っても、残念ながら、お互いそれぞれの宇宙を持っている以上、願望のオーダーは自分のことだけに限られます。

まずひとつ、あきらめてほしいことがあるんです。

それは、

「相手に幸せにしてもらおう」

「相手に変わってもらおう」

という思い。

「夫がもっと稼いでくれたら幸せになれるのに」

「妻がもっとオレを認めてくれたら幸せになれるのに」

その思いは、幻想です。さっさと捨ててしまうことをオススメします！

そして、その代わりにやってみてほしいこと。それは、

「伴侶に変わってほしい部分と、なぜ伴侶に変わってほしいのか」

を紙に書き出してみることです。

たとえば、奥様側からの「夫変えたいポイント」として、

「子育てを手伝ってくれればいいのに」

「洗濯くらい、自分でやってくれればいいのに」

「共働きなのだから、家事は折半にしてほしい」

があるとします。

では、その理由は何だと思いますか？

育児が大変だから？　それとも、家事をひとりでやるのが大変だから？

それももちろんあると思いますが、その根底に見え隠れするのは、

もっとパートナーに大切に扱われたい。自分を見てほしい、愛されたい。

という思いだったりすると思うのです。

家事の手伝いや子育てのフォロー、これらは、夫からの愛を十分に感じられる状態になれば自然と解消するはずです。

愛を感じられるというのは、思いやりにあふれていて、自分の思いを大切にしてくれて、大事にされている状態だからです。

でも、先ほどコイケは言いました。

「相手は変えられない」

のだと。

では、どうしたらいいのかというと、これにも先払いの法則が有効なのです。

「えええええ、先払いってお金だけじゃないの？」

って驚いたあなた。そうなんです。お金もエネルギーなら、愛もエネルギー。そこには循環がありますから、先払いの法則は活用できるんですね。

夫婦はよく「合わせ鏡のようなもの」と言われることがありますが、妻が夫に不満を抱えているときというのは、たいてい、夫も妻に不満を抱えています。そして、自分の不満ばかりを狭い視野で見ていることによって、相手の不満など一切見えていない状態。

それにもかかわらず、鏡に向かって「あなた、先に笑いなさいよ」と言っているようなものなんです。鏡は、こちらが笑わない限り、絶対に笑ってくれません。

ここはあなたの宇宙。あなたのオーダーが大切です。

「相手が変わらない限り、幸せになれない」は、「ない」がふたつもついているオーダー。そうすると何が起きるかというと、相手は変わら「ない」し、幸せになれ「ない」が、現実になります。

だからこそ、あなたが先に笑うこと。つまり、自分で自分を笑顔にするのが先だということなのです。

「ありがとう」
「よかったね」
「楽しかったね」
「おいしいね」

そんな言葉を、共有していたときのことをまずは思い出してみてくださいね。

妻が口うるさいときに夫がやるべきただひとつのこと

世の男性方、最近「愛してるビーム」を打っていますか?

「妻が、あれをしろ、ここがダメとうるさい」、という場合は決まって、奥様への愛してるビームが足りてないときです。

「愛してるビーム」とは、相手の眉間に向けて、心の中で「愛してるビーム」と唱えながら、最大限の敬意と愛を伝える方法です。

ちょっと花でも買って、ちょと飲みにでも誘って、ちょっとドライブでもして、奥様に愛情を伝えてみてください。

女性はね、女神なんです。
男性を成功と幸せに導いてくれる女神様。

決して「オレが食わせてやっている」なんて思わないこと。

そして、自分の面倒を見てくれる「お母さん」にしてしまわないこと。

それをやってしまうと、成功運がだだ漏れしていってしまいます。

なぜなら、男性の自己肯定感は、自分の大切な女性を笑顔にしているとき、最高潮にアップするからです。

だから、どうやったらうちにいる女神が笑ってくれるのかを、よーくよく、考えてみてください。それはもう、毎日。死ぬまでです。

そして、こっそりでもいいから、こう思いながら、妻の眉間めがけて「愛してるビーム」を打つのです。


「この女神はオレが一生幸せにする。

オレは身近な女性を大切にする男だ」と。


うちには3人の女神様がいます。妻とかわいい娘たちです。

コイケ家では、妻に「愛してるよ」としょっちゅう伝えているのですが、そうすると娘たちが「ずるーい」と言いながら抱きついてきて、だんだんおしくらまんじゅうになります。

「浮気は男の甲斐性」が宇宙に通用しない理由

結婚している男性が成功して、お金をどんどん稼いで、円満な家庭を築く秘訣《ひけつ》は、妻を女神のように扱い、大切にし、笑顔にすること。

そして、家族のことを一番に考えて、最優先順位にしておくことです。

家のことは妻に任せっぱなし、なんて、言語道断ですよ〜。

それから、浮気は男の甲斐性なんて聞いたこともありますが、コイケ的にはこれは大きな間違いだと思っています。

当たり前だろ？
たとえバレてなくても、一夜限りの遊びでも、
そのとき、自分の女神をないがしろにしたという事実は、
本人が一番よく知ってんだよ。
**本人が知っているということは、
本人の宇宙には一瞬でバレちまってるわけだ。
エネルギーは歪むわけよ。**

家族の中に流れるエネルギーが健やかで愛情に満ちたものであれば、そのまま仕事での成功につながりますし、子どもの心を健やかに育みます。そうやって育った男の子は将来意識せずともナイトに、女の子は女神になれるはずです。

逆に妻は、自分が夫の女神であることをしっかり自覚してほしいと思います。自分自身で自分に愛情を注ぎ、笑顔でいること。妻がニコニコしている。それだけで夫はうれしくなっちゃうんです。

そうすれば、夫からの愛を受け取る準備ができます。

女性は、母性を全開にして夫に与えるのではなく、受け取ることに徹していいのです。必死で世話を焼き与えたにもかかわらず、愛情をくれないからもぎ取る……というのは、女神らしくありませんからね。

「人生という時間のカラクリ」の巻

8

其の八　人生を徹底的に「遊び」「楽しむ」ことを教えよ

「仕事とはつらいもの人間」の教育法

仕事はお金を稼ぐものではなく、地球上で感謝と豊かさのエネルギーを循環させるために存在するもの。誰かが必要としているからこそ、仕事があり、そこには大きな価値があるのだと、気づかせる必要がある。

この、誰かが必要としている、というのも、単純に「人のためにやること」＝「仕事」というわけではない。

仕事とお金はセットで、豊かさの循環を促すために、行動し、達成感を得て、誰かに必要とされ、感謝されて、お金を得て、自分も豊かな気持ちになる。つまり、結局は「自分のため」にやっていることだ。

だからこそ「しかたがなくやっている仕事」というのは、なかなか結果を生まず、お金もついてきづらい。本来の「仕事」の意味からして、**自分が楽しくてしかたがなく、達成感を得られるものに没頭することが何よりも、成功しやすい。**

一方で、好きなことを仕事にしても夢破れる人間がいるのはなぜか。

それは、自分が生み出す表現や仕事を「自分はこれができる」と、心の奥底から信じているか、信じていないかの違いだ。

また、「やりたい」と思っていることが、ただの思い込みや、誰かから見た「かっこよさ」であったりする場合も、達成はしづらい。

人間には、心の奥底にある夢を追わせろ。

人間の「やりたい仕事」の概念には2種類がある。ひとつは、本当にやりたくてしかたがなく、やっていると楽しくてしかたがない仕事。

もうひとつは「やりたい仕事だと思い込んでいる仕事」だ。

そもそも「仕事ってやりたくないけどやるもの」と思っているのは、論外。

人から与えられた価値観の上に選んだ仕事ではなく、考えただけで楽しくなってしまうような仕事。それを明確に思い描けるかどうか、それはとてつもなく大事だが、意外とそれができていない人間が多い。

「夢より現実人間」の教育法

お金と仕事の関係を宇宙から見ると、「1億稼ぐ」というお金のオーダーか、「好きなことを仕事にする」というオーダーかで、起きる現実はまったく違う。

人間の多くは、お金と仕事のいいとこ取りはかなわないと思っているかもしれないが、これは間違いだ。

たとえば、歌うことが好きで仕方ない40歳の男が、「年収

「10億のミュージシャンになる」という一見両立が難しそうなオーダーをしたとしても、かなえることは可能だ。

このとき、どれほど柔軟にヒントを拾い、行動するかが実現を左右する。

たとえば起業家として大成功した後、ライブハウスのオーナーとなって人気ミュージシャンをブッキングし、たまに自分も出演する……となれば、宇宙から見ればその夢はかなっている。

仕事だから、仕事じゃないから、ではなく、毎日をとことん楽しむこと。仕事も、そうでないことも、人間がこの地球上を味わい尽くすために存在しているのだと、人間には教えよ。

そもそも「好きなことを仕事にするなんて、甘い」と言っている時点で、宇宙を堪能できていないし、「夢より現実」なんて言葉には笑ってしまう。そもそも、人間として地球を〝遊ぶ〟時間は宇宙の悠久の時間に一瞬だけ花開く、うたかたの夢のようなものだからだ。

正しいオーダーで、奇跡はいくらでも起こせること、行動のワンダーランドであるこの地球を遊び尽くすことを、何度でも教えよ。自分の人生を改めて尊び、この身体で今世を生きぬく「人生さん」と捉え、俯瞰《ふかん》させることだ。人間が好きな「オン」や「オフ」にとらわれてはならない。

そして、「人生さん」が輝くために、優先順位を決め、最高のシナリオを書き上げよ。

仕事とは、オーダー実現のための「ひとつの行動」

もともと、人間にとって仕事って、たぶん、漁であったり、畑をつくることであったり、「食べ物を得る」ための人間の行動だったと思うんですよね。

もちろん、地球上では体を生かすために、食べ物を得るのは絶対に必要だったわけです。

現在に当てはめると「お金を得るため」にするものが仕事である、というのも、間違いではありませんが、行動し尽くすのが人間の醍醐味《だいごみ》であるとするならば、仕事もまた、地球でのみ味わえる貴重な体験です。

宇宙にはそもそも「仕事」という概念はない。オーダーし、行動し、豊かさを循環していく、その流れがあるだけだ。

そうか。そうですね。仕事っていうよりは、オーダーして、何をするか、それだけですね。

僕ももう、それしか考えてないからなあ。

おまえは本当にいつも単純で助かるぞ。

宇宙さんが言っているように、すべては、行動と愛と豊かさの循環。

そう考えると

「仕事」は、
「お金を得るため」にしかたがなくすることではなく、
オーダーをかなえるための「行動のひとつ」

と考えたほうが、うまくいくことが多いように思うんです。

たとえば、オーダーが「年収1億円になる」ことであれば、そのための行動を、宇宙からのヒントに従ってやっていく。

それは、たとえば僕が、「借金を返して幸せになる」とオーダーし、あれほどやりたかった洋服の仕事から、導かれるようにパワーストーンの仕事へとスイッチしたのと同じこと。僕のオーダーは「洋服で成功する」ではなかったわけです。

これが、「好きな洋服の仕事で成功したい」だったらどうなっていたか。

ただの想像でしかないのですが、売れる洋服を徹底的に吟味したり、東京へ移転したり、さまざまなヒントや行動が伴っていたと思います。

もしかしたら、一度洋服の仕事を手放して、何か別のことでお金が稼げるしくみをつくりあげてから、洋服の仕事へ戻り、資金を使ってバンバン広告をする、ということもありえたかもしれません。

そう、オーダーによって、道は変わる。
オーダーによってかなえ方も変わるのです。

ミュージシャンなどはわかりやすいかもしれません。

たとえばオーダーが「メジャーデビューして100万枚突破」であれば、もしかしたら、今やっている流行《はや》りではない自分の音楽スタイルを変更する必要が出てくるかもしれません。

反対に、オーダーが「自分の音楽スタイルで成功する」であれば、インディーズで活動を続けながら、食べていくだけの収入は得られるようになるかもしれない。さらに「自分のスタイルで成功して100万枚突破」とすると、これまた宇宙さんが突飛なところからそのオーダーをかなえてくれることになるのです（ただし、それが心の底からの願いであり、心の奥底から100％信じていればこそですよ）。

どちらにせよ、夢を実現させ、仕事で成功するには、自分が本当に追いかけたい夢、仕事のオーダーが必要なのです。

誰かへの「反発」を「夢」とすりかえていないか？

僕の友人に物書きの女性がいます。今では東京で活躍して自分の著書も何冊か出しているのですが、もともとは、地方で税理士を目指して勉強していた経理事務員だったそうです。

「田舎《いなか》に住んでいたから、本当にやりたいことが仕事になるなんて思っていなかった」と言う彼女はある日、気づいてしまいます。

「いや、私、数字嫌いじゃん!」ということに。

そしてここからがすごかった。自分がやりたいと思っていた「小説家」や「ライター」の夢を思い出します。そこから、理系の短大しか出ていないことなどまったく意にも介さず、地元の情報誌に乗り込んで直談判し、アルバイトを経て、社員になり、「ライター」になってしまいました。

彼女は会社員を辞めるとき、自分の日記帳に当時の目標をこう書いていたそうです。

- **27歳で上京する**
- **30歳でフリーランスになる**
- **35歳で自分の本を出す**

実際はどうだったかとたずねてみると、

・26歳でフリーランスになる
・30歳で自分の本を出す
・30歳で上京する

という具合。前後していますが、全て前倒しでかなっていますね。

さらに、会社員を辞めた瞬間、あるイメージが浮かんだと言います。それは、「ああ、私って、私が書いた文章、私が撮った写真で、本を出すんだ」というもの。それは、すでにかなったかのような感覚で、「やったー」と言いながら、ベッドで飛び跳ねたんだとか。

その夢については、それからすっかり忘れていたそうですが、気づいたときにはかなっていたそうです。後になって「ああ、そういえば、かなってるわ」という感じで、「いやあ、逆に、税理士とか絶対無理だった！」と笑っていました。

人って不思議なもので、自分が好きではないこと、やりたくない仕事を「やりたい仕事」と認識してしまうことがよくあるのです。

それは、親が「公務員になって安定した生活を送ってほしい」と言っていたから、いつのまにか「私は公務員になりたい」となっていたり、育った環境でいつのまにか自分の夢を描けなくなり、無難な仕事を「夢」に置き換えてしまったり。

本当に、人間ってのは、勘違いはなはだしい生き物だよな。誰かの「願い」はともかく、誰かへの「反発」すら夢になり代わるなんてよ。

「破天荒な母に反発した娘が銀行員の道を選ぶ」というような「好き」かどうかを度外視した「反発の夢」ですね。

でも、心の奥底から「かなえたい」という願いであり、夢であり、やりたい仕事でない限り、どこかで歪みが起きます。人間関係のトラブルが「そっちじゃないでしょ」と教えてくれることもありますし、単純に楽しくなかったり、ミスばかりしたり、ということも。

今の仕事がうまくいっていない場合、やりたいはずなのにうまくいかない場合、初期設定自体が間違っている可能性もあるかもしれませんね。

自分が心の底からやりたいこと、かなえたいことが何なのか。

そこにフォーカスできたとき、夢はかなったも同然。

ちなみに前出の彼女、先日お会いしたら、

「コイケさん、私、結婚をオーダーするのをすっかり忘れてました」

と笑っていました。オーダーしたから、それも難なくかなうでしょう。

半径10メートルがみんな幸せになるオーダーの威力

このように、一度力強く明確なオーダーを宇宙に送れば、あとは勝手に宇宙がそれをカタチにしてくれます。これが、オーダーと実現のしくみなのですが、結構、忘れたころにかなっているということは多いものです。


僕にも最近かなった、とってもとってもうれしいことがありました。

たとえば、コイケ家念願のハワイ旅行。

これは、まだ借金まみれのころにプロポーズした妻に、
「今は無理だけど、必ず10年以内にハワイに連れていくからね」
と伝えたことがきっかけでした。妻はハワイが大好きだったから、いつか自分の力で彼女をハワイに連れていく！　僕は強い決意でそう宇宙へオーダーしていました。

昨年末、ふたりの娘を連れて一家でははじめての海外旅行が実現。オーダーより少し前倒しの9年でかなえることができました。

もうひとつかなったことは、妻が本当にほしいと思えるデザインの結婚指輪を買い直せたこと。

プロポーズ時にはまだ1000万円以上の借金があった僕。当然、結婚指輪も、どんなに頑張ってもそこそこのものしか買えませんでした。が、昨年のクリスマス。万を持して、カルティエの店舗で、妻が一番気に入った指輪を妻に贈ることができました。

このオーダーにはおまけもついていました。

僕自身が気に入った時計と、妻が気に入った時計、そして、今僕の仕事を全力サポートしてくれているスタッフさんが選んだ時計を合計4本購入し、日頃の自分へのご褒美と、僕を僕よりも信じてサポートしてくれる妻、スタッフへのプレゼントにさ

せていただけたこと。

おうおう、コイケ、立派な成金になったなあ。

ちょ、やめてくださいよ、成金とか。いい話してんのに！

オーダーはいつのまにかかなっているもの。

そして、かなったころにはだいたい、おまけもついてくる。そんなことを実感しました。

そして、もうひとつ、最近とくに感じている大切な秘訣があります。

仕事も夢も、
自分の半径10メートル以内すべてが
笑顔になるようなオーダーをすること。

仕事でめちゃくちゃ成功を収めても、家に帰ると居場所がない。

夢がかなったときに、そばには誰もいない。

このようなことが思い描けてしまうようなオーダーは、コイケ的にはしてほしくありません。今回遊びに来た地球で、今の妻や子どもたち、そしてサポートしてくれる身近な大切な人たちと過ごせるのは1度きりなんです。

まずは、自分と、自分の周り、だいたい半径10メートルにいる人たちを全力で幸せにするオーダーをしてくださいね。

それに、これまでもお伝えしてきましたが、周りにいる人たちは、すべて「自分」だから。

目に映る「自分」が全員、笑顔でいること。

それが本当の成功です。

そして、実は、この視点でオーダーをするほうが、大きな願いもかないやすくなります。

なぜなら、自分と自分の周囲がすべて笑顔であるということは、それだけ、大きなよいエネルギーが周辺を包み込み、ネガティブなものが入ってくる隙間などなくなるから。

そして、よいエネルギーには、よいエネルギーが寄ってきます。

大きな成功は、足元から。僕は今日も、そう心に唱えています。

「失敗」とは、地球で生まれた「心の洗脳」だった

いいか、大切なことを教えるぞ。
失敗が怖いというのは、地球で生まれた心の洗脳だ。

洗脳？

そもそも、魂っていうのは何度も話しているとおり、
何だってめちゃくちゃに楽しんでいるからな。
失敗が怖い、というのは、失敗することで起きる何かを、
人間の危険回避能力が働いて、先に阻止しようとしているだけだ。
実際、失敗では死にはせんのにな。
だが、宇宙の真理では、「失敗したくない」は、

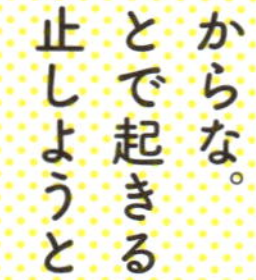

「失敗したくない」というエネルギーをただただ増幅させるから失敗する。
失敗にフォーカスするのではなく、成功にフォーカスすればいいのにな。

でも確かに、失敗によって本来得られるはずだったものが手に入らずに困ってしまう、ということはあるかもしれませんよね。

おいおいおい、おまえはオレが教えたことをもう忘れたのか！
このトリ頭が！
逆に、失敗することによって得るものがあるからこそ、次の行動へとつながって、結果的にオーダーどおりになるんだろうが！

そ、そうですよね。
となるとやっぱり、行動した結果を恐れているのではなく、
失敗することによって起こる何かを無意識に避けている？

どうして「失敗したくない」と無意識のうちに行動をやめてしまうのか。想像できるもののひとつが、幼少期の親との関係から得た、失敗に対するルールです。

何かができたときにはじめて認めてもらえた、何かができなかったとき、ものすごく否定された、失敗したときに、めちゃくちゃ怒られた、とか……。

そうなると「失敗＝怒られる」とか、「失敗＝怖い」という、心の危険回避ルールができてしまい「失敗だけはしたくない」と思うようになってしまうことがあるんです。

そうすると、本来は願望達成のただの通過点でしかなかった「失敗」は、命を脅かすような危険に早変わりしてしまう。こうなると、行動するのも怖くなりますよね。

では、どうしたらいいのかというと、「できた」「できなかった」「成功した」「失敗した」というのは、ただのできごとであり、通過点であって、それ自体が自分の命を奪うものではないのだということを、まずは頭で認識してみること。

そして自分にこう約束してあげてください。

「私は、私が失敗しても否定しません」

「私は、私が失敗しても笑いません」

「私は、私が失敗しても失望しません」
「私は、私が失敗しても責めません」
「私は、私が失敗しても否定しません」
「これが、私のあり方です」

そう伝えてください。もし、あなたの家系が、失敗にめちゃくちゃ敏感な家系だったとしても、あなたから、その鎖を断ち切っていいし、断ち切れるのです。

失敗はただの経験であって、あなたの存在を否定するものではありません。

失敗するという行動は、必ずあなたのオーダー達成につながっています。
じゃんじゃん、失敗しましょう！

コイケなんて、オレと出会った頃、失敗でしかなかったな。

そ、そうですね。

いつでも「オン！」で、あなたの「人生さん」を幸せにする

オンとオフって誰が決めたんだ？
いちいち、人間は制限を増やしやがる。

確かに、僕は今はもう、仕事とか、
プライベートとかで分けてない気がします。

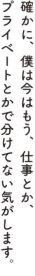

「自分の人生さん」をどう素晴らしいものにしていくか、
それをプロデュースしているような感じですね。

人生はすべて、行動を楽しむためにあるものだからな、
オンもオフもあるわけがない。
コイケなんて、オレ様のおかげで、今や、ず――――っと、
オンオンオンオンオンオンだぜ。
講座中であろうと、打ち上げ中であろうと、
同じテンションで、しゃべりまくっているらしいぞ。

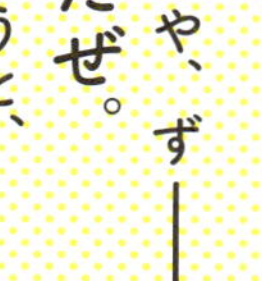

だって！　楽しいんですもん。

だから、オンもオフもないんです。
と言うと、

「この、ワークライフバランスが叫ばれる現代に、オンもオフもないってことは、ずっと働いているってこと？」

とたずねられそうですが、土日はしっかりお休みして、妻と娘とベッタリ過ごしています。これ、オンかオフか、ではありません。優先順位の高い順に、きちんと自分の宇宙を大切に扱っているだけ。

大切なのは、今回1回きりの、この地球の行動の旅を、どれだけ楽しむかっていうことなんです。

じゃんじゃん願いをオーダーして、どんどん行動して、わんさかかなっていく日々を、仕事でも、家庭でも、味わい尽くす！　そう決めればいいだけです。

そうすれば、宇宙は間違いなく、望む景色へと連れていってくれます……いや、行動しまくって自分がたどりつくんですけどね。

ですから、

「仕事ばっかりしてたらプライベートがなくなる」とか、

「遊んでばっかりいたら、仕事で成功できない」というような思い込みはさっさと手放して、今この瞬間から、すべてのオーダーをかなえていくのだと、強く決意してほしいんです。

すべては、今この瞬間から
つくり出されるのです。

今、どんなことが起きていても、必ず、

「ああ、最後はちゃんと帳尻合いましたね」

という日が必ずくるのです。

そう、僕にも、あなたにも。

「はぁ～」

部屋中に広がった長い巻物を閉じて、僕は、大きなため息をついたのでした。

そうそう、そうでした。

宇宙って、人の願いって、心が

こういうふうになっているって

徹底的に教えてもらって、腹落ちしてから

僕の人生、劇的に変わっていったんです！

オーダーするだけではどうしてもかなわない理由、そこに、人の心が大きく作用していること、それが全部巻物に書いてありました。

これぞまさに、宇宙へのオーダーのカラクリ。

すごいなあ、この巻物。

この巻物に書いてあることが、世界じゅう、宇宙じゅうに伝われば、

「願いなんてかなわない」ってうなだれる人はひとりもいなくなる気がする。

僕は、この巻物を、もっともっと、
ひとりでも多くの人に伝えなきゃ……いや、伝えました！

「オーダー完了……」

一体、どれほどの時間が経ったのだろう。一気に読み終えた僕は、外が白んでいたことに気づく間もなく、巻物を胸に抱いたまま、いつの間にか眠りに落ちていました。

エピローグ

「パパ！　パパ！　起きてー！」
ソファに登ってくる次女。妻と長女も起きてきました。
「パパどうしてソファで寝てるの？」
「ん？　あ、あれ？　そうだ、荷造りの途中だった。
あ、そうそう、そういえばこの巻物ね、
宇宙さんが忘れていったんだけど、
めちゃくちゃ面白くって……
あ、あれ？」
「巻物？　何それ？
それ、パパの本でしょ、
ドS本第3弾だよね」
と長女。

夢中になって読んでいたはずの巻物は、1冊の本になっていました。

「あ、あれ？　ああ、そうか。新しいドS本の見本ができあがったんだ……」

てことは、あの巻物は夢？？？
それにしてはリアルな夢だったなあ……

え……
ウソ……
これって、まさかの夢オチ!?

「おーい、宇宙さーん」
僕は小さな声で呼んでみました。返事はなし。
最近宇宙さんの声を聞いていないと思っていたけれど、
それはもう、僕の声そのものになってきているからなのかもしれません。
だってドSの宇宙さんは、僕の中の本当の本当の本当の僕。
僕そのものだから。

いつもどおりの、コイケ家の朝の団欒《だんらん》が始まる。
朝日の差し込む、広いリビング。妻と娘たちの笑顔が響く、ここが、今回の僕の
〝地球旅行〟の居場所。

あとがき

最後までお読みくださってありがとうございました！

実はね、このシリーズ終盤に、気づいたことがあるんです。

この本で「ドSの宇宙さん」と呼ばれている、僕と宇宙とのパイプ役の彼。宇宙さんに最初に会ったとき、コイケが名前を聞くと「大いなる泉とでも呼んでくれ」と答えてくれたことは第1弾で話しましたよね。


大いなる泉、つまり、大きな泉。

そして、僕は小池。小さな池。


小さな池で苦しんでいた僕に、大いなる泉がメッセージをくれるようになった。

それは、結局、僕自身の魂の声「本当の本当の本当の私」の声だったわけです。

この地球で幸せになることをあきらめない自分自身からのメッセージを、僕たちは受け取ることができる。

これに気づいたとき、改めて、人が生きる力って無限大だなと実感し、感動し、嬉しくなりました。

そう、この地球を存分に遊び尽くし、味わい尽くし、幸せになる力は、すべての人に備わっています。ドS本シリーズを通じて「小さな池」にはまって苦しんでいる人たちに、「大いなる泉」の存在を知ってもらえたら幸せです。


そしてここで、衝撃の告白をさせてください！

実はコイケ、人間として生まれてくるのは今回が最後なんです！

というと「えー！　最後の最後に怪しい話？」って思われそうですが、確信はあります。それに、人間として地球を堪能できるのはこれが最後、と思っていたほうが、「今世を存分に味わって絶対ハッピーエンドで去る」って思えるでしょう？

僕らは、今この瞬間の目の前にある現実、人をめいっぱい、愛と感謝のエネルギーで包み込むことしかできません。

コイケはある時期「メメントモリ」という言葉に影響を受けていました。

「死を忘るなかれ」という意味です。死を忘れず、意識したからこそ生を感じることができる。僕はあの大借金ド地獄時代を経験したからこそ、今の幸せをより一層実感し、大切に扱おうと思えるのだと思います。

ということは、「今、目の前にある現実がつらいのです」という人こそ、大きなチャンスを手にしているということ。苦しみがあるからこそ、本当に望む幸せを意識することができ、その幸せを掴んだ時の喜びも大きい。

一寸先は「光」です。

この本で感じたこと、そしてこれまでも色々なスピリチュアルや心理学、自己啓発のスキルなどで学んだことがあるとしたら、ぜひともご自身の「現実」「日常」で発揮してくださいね。地球に来た私たちは全員、幸せになるために生まれてきて、そのための行動を味わい尽くしたいのですから。

最後に、3作を通じ、とても素晴らしい本を共に作っていただいた関係者の皆様に心から感謝いたします。

ドSな編集者サンマーク出版の橋口英恵さん、とびっきり解りやすい本にするために構成してくれた盟友ＭＡＲＵちゃん、そしてドＳの宇宙さんのキャラクターを世に生み出してくれたアベナオミちゃん、シリーズを通じておかげさまとして携わってくださったデザイナーの萩原弦一郎さんや校正作業をしてくださった乙部美帆さん、ＤＴＰのくまくま団さんなど、多くの皆様。

さらに、日常でコイケを支えてくださっている株式会社インディゴッド仙台の社員、セミナースタッフさん。

そして素敵な人生を共に歩む、何よりも大切な愛する妻と娘たち。

感謝の気持ちにあふれまくって、書いていて涙が出てきちゃいます。

そして、もちろん最後に！

この3部作をお手に取ってくださった読者の皆様、いつもあたたかく熱く応援してくださっている皆様に、心からの愛してるビームを送ります！

二〇一九年四月吉日

杜の都仙台より

小池浩

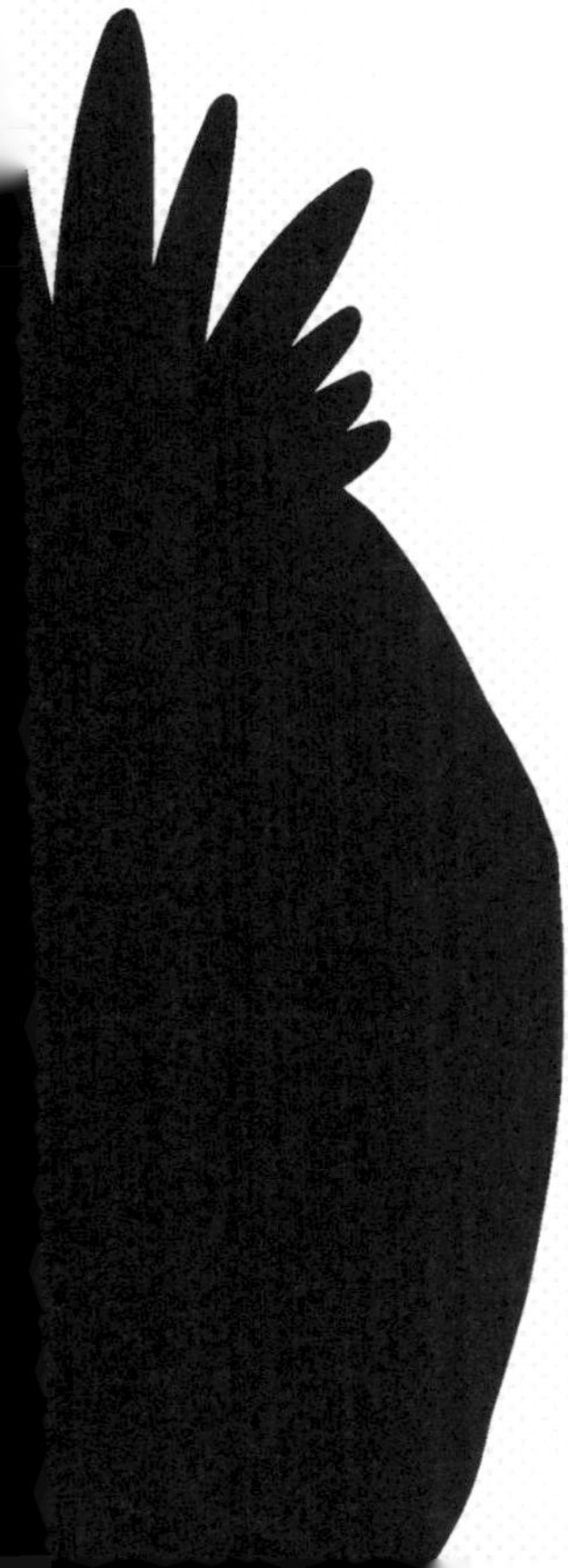

小池 浩（こいけ ひろし）

心理セラピスト。インディゴッド仙台代表。15年前、念願のアパレルショップ経営のために負った借金が膨れ上がり、2000万円（うちヤミ金600万円）に。自己破産しか道がない状態に追い詰められたとき、宇宙とのつながりを思い出す。言葉の力を使って潜在意識を浄化し、宇宙に望みをオーダーしはじめてから人生が激変。宇宙の使者「ドSの宇宙さん」から送られてくるヒントを指針にした途端、人生が好転。アパレルを撤退して始めたブレスレットショップが地元のテレビに取り上げられ一気に話題となり、全国にファンをもつ人気店になる。9年で借金を完済後、収入は増える一方。愛する妻とふたりの娘に囲まれて、楽しく願いをかなえる毎日を過ごす。ブレスレットをつくりに来たお客様だけに話していた宇宙のしくみや独自の願望達成法をまとめた第1作『借金2000万円を抱えた僕にドSの宇宙さんが教えてくれた超うまくいく口ぐせ』がベストセラーに。続編のスピンオフマンガ『マンガでわかる！借金2000万円を抱えた僕にドSの宇宙さんが教えてくれた超うまくいく口ぐせ』も好評。シリーズ累計20万部を突破している。

借金2000万円を抱えた僕に
ドSの宇宙さんがあえて教えなかった
トンデモナイこの世のカラクリ

2019年4月10日　初版印刷
2019年4月30日　初版発行

著　者　小池 浩
発行人　植木宣隆
発行所　株式会社サンマーク出版
東京都新宿区高田馬場2-16-11
電話　03-5272-3166
印　刷　株式会社暁印刷
製　本　株式会社若林製本工場

定価はカバー、帯に表示してあります。
落丁、乱丁本はお取り替えいたします。
ISBN978-4-7631-3757-9 C0030
ホームページ　https://www.sunmark.co.jp

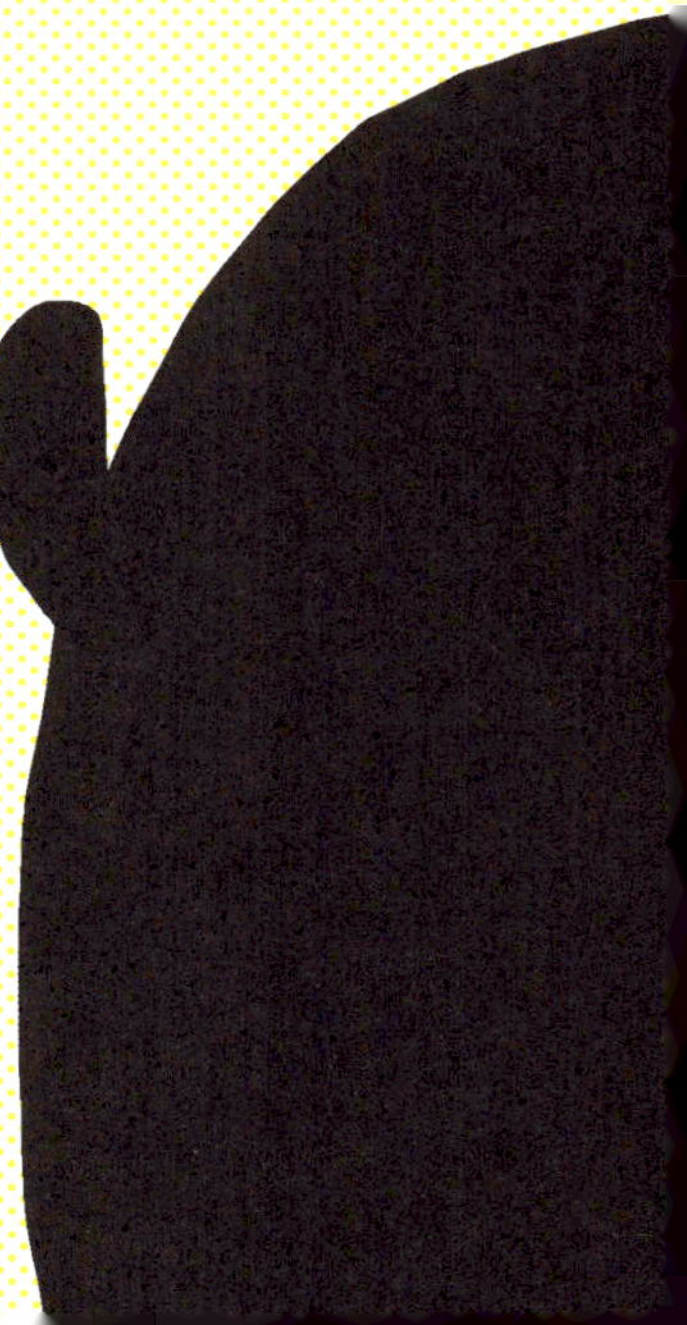

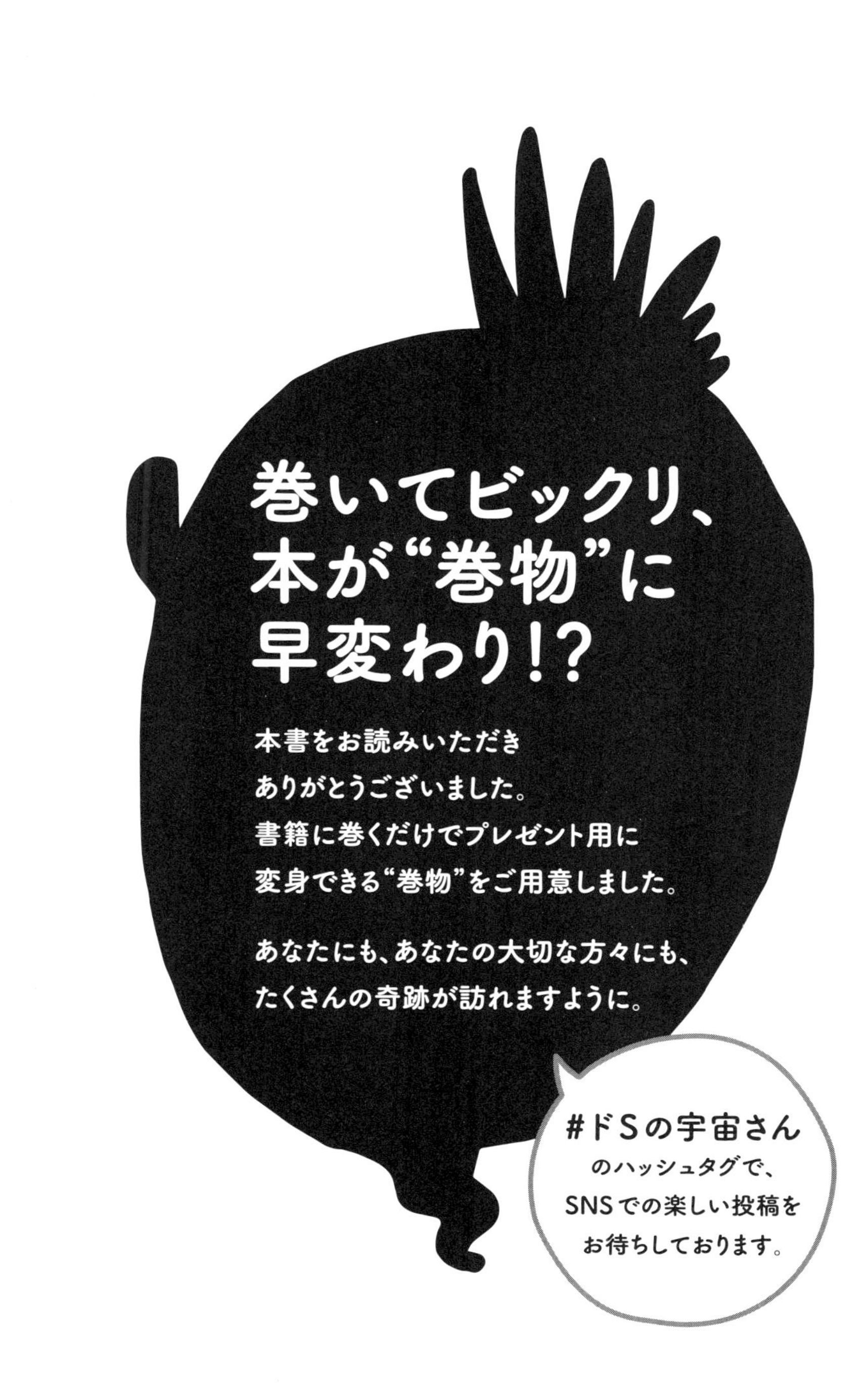

巻いてビックリ、本が“巻物”に早変わり!?

本書をお読みいただき
ありがとうございました。
書籍に巻くだけでプレゼント用に
変身できる“巻物”をご用意しました。

あなたにも、あなたの大切な方々にも、
たくさんの奇跡が訪れますように。

#ドSの宇宙さん
のハッシュタグで、
SNSでの楽しい投稿を
お待ちしております。